Über die Autorin

Dr. Katrin Bischl ist promovierte Sprachwissenschaftlerin und ausgebildete Journalistin. Seit vielen Jahren arbeitet sie als Schreibberaterin und PR-Dozentin und schreibt Fachbücher sowie Texte für die Wissenschaft und die Public-Relations-Branche.

Seit 2016 ist sie ehrenamtlich in der Flüchtlingsarbeit aktiv. Sie unterrichtet und betreut Geflüchtete auf ihrem Weg in Arbeit und Ausbildung.

Beruflich berät sie Rathäuser und Verwaltungsangestellte sowie Unternehmen, kirchliche Organisationen und Verbände bei der Konzeption und Produktion von Texten für Print und Online sowohl für die interne als auch für die externe Kommunikation. An Hochschulen und Forschungsinstituten lehrt sie wissenschaftliches Schreiben.

Weitere Informationen: www.bischl-seminare.de

Katrin Bischl

Deutsch für Ausbildung und Beruf

Anregungen für den ehrenamtlichen Unterricht mit Geflüchteten

Bibliografische Information der Deutschen Nationalbibliothek:
Die Deutsche Nationalbibliothek verzeichnet diese Publikation in der Deutschen Nationalbibliografie; detaillierte bibliografische Daten sind im Internet über http://dnb.dnb.de abrufbar.

© 2020 Dr. Katrin Bischl
www.bischl-seminare.de
Schreibberatung, Training, Textarbeit

Herstellung und Verlag: BoD – Books on Demand, Norderstedt

ISBN: 978-3-7519-6785-3

Für

Abdou Jatta, Ebrima Bah, Flimon Yemane,

Mustapha Marong, Sainey Sanneh, Salimina Dampha

Inhaltsverzeichnis

I

1. Viele Herausforderungen

Geflüchtete Menschen, die in Deutschland arbeiten, eine Ausbildung machen oder dies anstreben, benötigen unbedingt Unterstützung beim Lernen. Alleine schaffen sie es nicht, sich den Fachwortschatz, das berufliche Wissen sowie den Unterrichtsstoff anzueignen. Darum ist es gut, dass viele Ehrenamtliche sie hierbei unterstützen. Doch wer mit geflüchteten Menschen lernt – vor allem als Ehrenamtlicher – sieht sich mit verschiedenen Herausforderungen konfrontiert.

Sie hierbei zu unterstützen, ist Intention dieses Buchs. Es soll ehrenamtlich Unterrichtenden (vielleicht auch professionellen Sprachlehrerinnen und Sprachlehrern) Anregungen für den Umgang mit Geflüchteten sowie Ideen für Unterricht beziehungsweise Nachhilfe geben, doch auch den Blick öffnen für die besondere Unterrichtssituation in der Flüchtlingsarbeit.

1.1 Die Probleme der Geflüchteten sind zahlreich

Die Geflüchteten, die Ihren Unterricht besuchen, sind in vielerlei Hinsicht besondere Schülerinnen und Schüler und bringen eine Vielzahl von Erfahrungen und Problemen mit, die das Lernen und gemeinsame Arbeiten stark prägen. Einige sollen kurz angesprochen werden.

- Viele geflüchtete Menschen sind in ihrem Heimatland nur wenige Jahre und auch nicht konstant in die Schule gegangen.
- Zudem haben sie völlig andere Schulerfahrungen als deutsche Kinder.
- Viele geflüchtete Auszubildende sind älter als ihre deutschen Mitschülerinnen und Mitschüler und haben einen anderen, oft von existenziellen Krisen geprägten biografischen Hintergrund.

- Sie bringen sehr viel praktische Erfahrung und handwerkliches Geschick mit und sind sehr flexibel in der täglichen Arbeit.
- Gering sind hingegen oft ihre theoretischen Kenntnisse, zum Beispiel zu Materialkunde, Fachrechnen oder betriebswirtschaftlichen Abläufen.
- Deutsch ist Zweit- oder Drittsprache (viele Afrikaner sprechen eine lokale Sprache wie Mandinka oder Fulla sowie die Amtssprache, zum Beispiel Englisch in Gambia), was das Lernen in der Berufsschule erschwert.
- Der Prozess des Deutschlernens ist noch nicht abgeschlossen. Manche – vor allem diejenigen, die arbeiten und (noch) keine Ausbildung machen – verfügen nur über geringe Deutschkenntnisse und auch viele Auszubildende haben Probleme mit der deutschen Sprache.
- Geflüchtete kennen nicht die Regeln und Gesetze sowie die ungeschriebenen Gesetze des deutschen Berufsalltags.
- Aufgrund ihres eigenen kulturellen Hintergrunds besitzen geflüchtete Menschen ein anderes Weltwissen als Deutsche. Dies erschwert das Lernen. Beispielsweise fällt es ihnen sehr schwer, Karikaturen und deren Bildsprache zu entschlüsseln. So wissen Deutsche sofort, dass ein Jugendlicher mit blauer Latzhose ein Azubi ist und ein dicker Mann in Anzug und Zigarre einen Industriellen verkörpert. Menschen aus Eritrea, Nigeria oder Syrien erschließt sich diese Bildsprache jedoch nicht.
- Die schwierige psychologische und persönliche Situation im Herkunftsland, Gewalterlebnisse auf der Flucht und Probleme in Deutschland (zum Beispiel mit Rassismus, einer unsicheren Bleibeperspektive, Schwierigkeiten mit dem Ausländeramt oder anstehende Gerichtsverhandlungen) führen oft zu Konzentrations- sowie Motivationsproblemen und erschweren das Lernen sehr.

1.2 Ihre Herausforderungen als Lehrende

Wenn Sie ehrenamtlich mit Geflüchteten lernen, erleben Sie sicherlich viele interessante Begegnungen und führen aufschlussreiche interkulturelle Gespräche. Jedoch birgt diese Art von gemeinsamem Lernen auch Herausforderungen, die Ihnen bewusst sein sollten und denen Sie sich stellen müssen.

– Ehrenamtliche verfügen zumeist über eine große Empathie und viel Engagement, aber oft über keine oder nur geringe Lehrerfahrung oder didaktische Kenntnisse. Diese sich anzueignen ist sehr aufwendig und zeitintensiv.

– Sie müssen das eigene Schul- oder Allgemeinwissen wieder auffrischen, zum Beispiel die Ziele der EU (für den Gemeinschaftsunterricht) oder die Vorteile der sozialen Marktwirtschaft (für den BWL-Unterricht).

– Zudem müssen sie Ihr eigenes Wissen erweitern. Wer beispielsweise mit Elektrikern lernt, muss den Fachwortschatz erwerben. Wer mit Logistiker Mathematik übt, sollte Rechenaufgaben zu Volumen und Flächen auf den Alltag in Lagern und in der Logistikbranche übertragen.

– Ehrenamtliche müssen sich auch klar machen, dass ihre Schülerinnen und Schüler freiwillig und nach der Arbeit in ihren Unterricht kommen. Da müssen Spielregeln vorgegeben und gemeinsam befolgt werden, aber auch an aktuelle Situationen angepasst werden. Wenn ein muslimischer Schüler während des Ramadans fastet und trotzdem acht Stunden am Tag arbeitet, dann ist er kaum noch körperlich in der Lage, abends zusätzlichen Unterricht zu besuchen.

– Ehrenamtliche, die mit Auszubildenden lernen, brauchen einen langen Atem. Die meisten Ausbildungen dauern zwei bis drei Jahre, manchmal muss die Abschlussprüfung wiederholt werden, was die Ausbildungsdauer verlängert. Zudem unterstützen viele Ehrenamtliche die Geflüchteten bereits in der Zeit vor der Ausbildung und bereiten sie auf diesen wichtigen Schritt vor.

- Alle üben das Ehrenamt neben den eigenen privaten und beruflichen Verpflichtungen aus. Nicht selten gibt es deswegen zeitliche Probleme und auch Überforderungen. Überlegen Sie darum im Vorfeld gut, wie viel Zeit Sie investieren können und planen Sie entsprechend die Anzahl Ihrer Nachhilfestunden.

- Ehrenamtsunterricht ist nie „nur" Unterricht. Es geht nicht ausschließlich um die Stoffvermittlung wie in der Schule, sondern immer spielen auch private Probleme der Geflüchteten eine Rolle.

- Auch ist der Umgang mit Menschen aus fremden Kulturen und in einer schwierigen Lebenssituation oft ebenso spannend wie psychisch belastend.

1.3 Meine Erfahrungen und Kompetenzen

Basis dieses Buches sind meine eigenen Erfahrungen. Ich unterrichte seit 2016 ehrenamtlich geflüchtete Menschen, vor allem Afrikaner aus Gambia. Diese Gruppe mit einer zumeist unsicheren Bleibeperspektive war lange Zeit von Unterricht (Deutschunterricht) und Fördermaßnahmen (Nachhilfe für Auszubildende) weitgehend ausgeschlossen, die zum Beispiel Syrern nach nur kurzer Zeit in Deutschland gewährt wurden. Darum haben viele Gambier, die hier arbeiten oder eine Ausbildung machen wollten, den Weg über das Ehrenamt gewählt und die kostenlosen Kurse sowie Nachhilfeangebote genutzt.

Zunächst unterrichtete ich Deutsch (Wortschatz, Grammatik, Konversation) in Gruppen bis 20 Personen und aus verschiedenen Ländern. Bald merkte ich, dass die jungen Menschen auf Probleme stoßen, sobald sie eine Arbeit aufnehmen. Der Fachwortschatz wird in den klassischen Deutschkursen und Lehrbüchern ebenso wenig vermittelt wie berufliches Fachwissen. Darum entschied ich mich, fortan „Deutsch im Job" zu unterrichten. In diesen Kursen trainieren wir Fachwortschatz (zum Beispiel *Kreuzschlitzschraubenzieher, Gelmuffe, Rechtslauf der Bohrmaschine*). Ferner vermittle ich berufliches Alltagswissen (zum Beispiel die gesetzlichen Vorgaben für eine Krankschreibung) sowie Kommunikationsregeln im beruflichen Alltag (zum Beispiel erschreckt der oft raue Umgangston auf Baustellen viele geflüchtete Menschen und sie denken, sie hätten einen Fehler gemacht).

Basis meines ehrenamtlichen Unterrichts – und dieses Buches – sind zudem die eigene Berufserfahrung sowie Didaktikkenntnisse aufgrund einer seit zwei Jahrzehnten ausgeübten Selbstständigkeit als Schreibberaterin und Dozentin für Deutsch, Public Relations, wissenschaftliches Schreiben und verständliche Verwaltungssprache. Mein während des Germanistikstudiums erworbenes Wissen zu Grammatik, Pragmatik und Sprachpsychologie flossen ebenfalls ein.

2. Individuelle Unterstützung ist erforderlich

Wer geflüchtete Menschen auf ihrem Weg in den Beruf beim Lernen unterstützen will, dem seien einige Ratschläge an die Hand gegeben, die Sie auf den folgenden Seiten finden.

2.1 Einzelunterricht oder Lernen in Kleingruppen anbieten

Gruppenunterricht findet in den Berufsschulen statt. Durchschnittlich 8 bis 20 Schülerinnen und Schüler sitzen dort in den Klassen. Gruppenunterricht ist auch die gängige Lehrform in den meisten Deutschkursen in den Volkshochschulen sowie bei privaten Bildungsträgern. Aufgrund mangelnder Sprachkenntnisse, ihrer geringen bzw. anderen Vorbildung und auch persönlicher Unsicherheiten ist für Geflüchtete das Lernen in großen Gruppen oft sehr schwierig. Darum benötigen sie ergänzend Nachhilfe, am besten in Einzelbetreuung.

Sollten zwei bis drei Personen dieselbe Ausbildung machen und dieselbe Berufsschulklasse besuchen, kann der ehrenamtliche Unterricht auch in einer kleinen Gruppe stattfinden. Solche Kleingruppen haben den Vorteil, dass die Lernenden sich gegenseitig unterstützen können und sie sich beispielsweise bei Verständnisschwierigkeiten auch mal in der eigenen Landessprache oder in der lokalen Sprache austauschen können.

Was verstehen die Schülerinnen und Schüler nicht?

Nur im Einzelunterricht oder in der Nachhilfe in Kleingruppen können Sie als Unterrichtende herausfinden, was Ihre Schülerin oder Ihr Schüler nicht versteht. Kennt er oder sie einzelne Wörter nicht? Sind dies Wörter des allgemeinen Sprachgebrauchs, zum Beispiel *„Rechnung"*, *„Hammer"* oder *„kehren"*? Oder sind dies Fachwörter wie *„Akku-Bohrmaschine"*, *„Krankmeldung"* oder *„Blechschere"*? Wörter erklären, in die Herkunftssprache übersetzen oder anhand von Bildern aus dem Internet veranschaulichen – das sind grundlegende Arbeitsschritte beim Lernen mit Geflüchteten. Ferner ist es wichtig, immer wieder die Vokabeln zu wiederholen oder als Hausaufgabe wiederholen zu lassen.

Ein weiteres Verständnisproblem bilden die Aufgabenstellungen in den Schulbüchern und Klassenarbeiten, zum Beispiel *„Erörtern Sie die Vor- und Nachteile der dualen Ausbildung"* oder *„Beschreiben Sie die Karikatur."* oder *„Welche Regalarten würdest du der mittelständischen Busch GmbH empfehlen?"*. Ich habe es oft erlebt, dass Geflüchtete Fragen in Büchern oder Klassenarbeiten nicht beantworten konnten, obwohl sie das Thema einigermaßen beherrschten und auch die einzelnen Wörter der Aufgabe kannten.

Denn oft wissen sie nicht, wie sie *„die Vor- und Nachteile erörtern"* oder *„eine Karikatur beschreiben"* sollen. Solche Arten von Aufgaben kennen viele nicht. Da hilft nur, ihnen exemplarisch zu zeigen, was sie machen sollen. Gute Erfahrungen habe ich damit gemacht, ihnen mehrfach die Lösungen zu geben und diese gemeinsam durchzuarbeiten, damit sie anhand des Lernens am Beispiel das Prinzip der jeweiligen Aufgabenbearbeitung verstehen können. Erst danach lasse ich sie die Aufgaben alleine bearbeiten.

Einfaches Deutsch hilft beim Verstehen

Texte aus Schulbüchern in sogenannte einfache Sprache zu überführen (s. in Kapitel 2.3 die Passage „Texte in einfache Sprache übersetzen"), ist vor allem im ersten Berufsschuljahr wichtig. Nur so haben die Schülerinnen und Schüler eine Chance, Themen aus der Gemeinschaftskunde, der Betriebswirtschaftslehre oder dem Fachrechnen zu folgen. Ehrenamtlich Lehrende sollten darum den Inhalt aus Lehrbüchern oder Handouts in einfaches Deutsch übersetzen, unbedingt kürzen, in Stichworten erfassen und diese vereinfachte Themenpräsentation in der Nachhilfe mit den Schülerinnen und Schülern durcharbeiten. Von den Lehrkräften in der Berufsschule wird dies nicht geleistet.

Zum Nachfragen ermuntern

Fragen Sie immer wieder nach, ob die Schülerin oder der Schüler wirklich die Wörter, Sätze und das Thema versteht. Aus Scheu und Höflichkeit fragen viele nicht nach. Völlig fremd ist es den meisten Geflüchteten, Wissen einzufordern oder gar eine Lehrkraft zu kritisieren, weil sie etwas nicht verstehen. Sie sind mit sehr viel Respekt vor Lehrerinnen und Lehrern erzogen worden und würden sich Nachfragen oder gar kritisches Hinterfragen nicht erlauben.

Darum glaube ich oft meinen Schülern nicht, wenn sie mir sagen, dass sie alles verstehen. Wenn ich Zweifel hege, frage ich nach, zum Beispiel was ein einzelnes Wort bedeutet oder welches Bild den jeweiligen Begriff zeigt. Fast immer kommt dabei heraus, dass sie etwas nicht verstanden haben, aber sich nicht zu fragen trauten. Auch hierfür bedarf es einer individuellen Nachhilfe, damit Zeit für solch intensives Nachfragen und Ermutigen besteht.

Der Einzelunterricht und das Lernen in Kleingruppen bieten zudem die Möglichkeit, Fragen zu Wörtern oder Themen auch anhand von länderspezifischen Beispielen und Geschichten zu erarbeiten. Wenn Sie die Wörter *„Geschäft"* und *„Warenangebot"* vermitteln wollen, dann lassen Sie doch einen Schüler Bilder von Geschäften aus dem syrischen Damaskus zeigen oder fragen Sie eine Schülerin, welche Waren ihre Mutter auf dem Albert Markt in Banjul (Gambia) verkauft. Danach haben beide einen persönlichen Bezug zu diesen Wörtern und statt leerer Vokalen haben sie nun ein Bild vor Augen. Das hilft beim Lernen sehr.

2.2 Entwickeln Sie individuelle Übungen

Wer Schülerinnen und Schüler auf eine Prüfung in Deutsch als Fremdsprache (DaF) vorbereitet, kann auf Bücher und Handouts zurückgreifen, um diese im Unterricht durchzuarbeiten; eigenes Lernmaterial müssen DaF-Lehrerinnen und -Lehrer nicht zwingend entwickeln. Ehrenamtliche, die mit Praktikanten, Helfern oder Auszubildenden für das Berufsleben oder die Ausbildung lernen, können diesen bequemen Weg nicht gehen, sondern müssen sich das Unterrichtsmaterial für den individuellen Nachhilfeunterricht hinsichtlich der jeweiligen Branche selbst erstellen. Anregungen hierzu finden Sie in diesem Kapitel sowie in den Kapiteln 3 und 4.

Fachwortschatz trainieren

Berufsneulingen sollten Sie zunächst den Fachwortschatz der jeweiligen Branche vermitteln. Folgende Fragen sind für die Vorbereitung des Unterrichts hilfreich:

- Wie heißen die Materialien, das Handwerkszeug und die Maschinen, mit denen gearbeitet wird?
- Welche Arbeiten werden mit ihnen ausgeführt?
- Mit welchen Wörtern lassen sich die Arbeitsschritte beschreiben?
- Welche Verben werden benötigt?
- Gibt es Maßeinheiten, die gelernt werden müssen?
- Wie schreibt man die neuen Wörter?

Anregungen zur Beantwortung dieser Fragen finden Sie auf einschlägigen Branchenseiten oder Ausbildungsseiten, auf Produktseiten und in Werbekatalogen sowie in Bildwörterbüchern, doch auch in den Schilderungen der Geflüchteten selbst, wenn diese aus ihrem Arbeitsalltag erzählen (s. Kapitel 3.2 „Lassen Sie sich von der Arbeit berichten").

Fotos als Basis für den Ehrenamtsunterricht

Positive Erfahrungen habe ich beispielsweise gemacht, wenn Schülerinnen und Schüler Fotos von ihrem Arbeitsalltag zeigten bzw. mir diese einige Tage vor dem Unterricht zumailten, sodass ich mit diesen Fotos Übungen entwickeln konnte. Dies hat den Vorteil, dass vor allem sprachlich noch unsichere Geflüchtete neue Wörter lernen können, von denen sie nicht wissen, wie sie heißen. Denn oft kennen sie nicht die Bezeichnungen der Materialen, Baustoffe oder Gegenstände, die sie reparieren. Vor allem zu Beginn des Deutscherwerbs kann es auch hilfreich sein, einzelne Wörter in die Sprache der Schülerinnen oder Schüler zu übersetzen.

Ein Schüler von mir machte ein Praktikum in einem Handwerksbetrieb für Energie- und Gebäudetechnik. In den ersten Wochen und Monaten wusste er oft nicht, wie das Handwerkszeug oder die ausgeführten Tätigkeiten heißen. Darum sandte er mir oft Fotos zu und erklärte mit wenigen Brocken, was er tut.

Ich recherchierte dann auf einschlägigen Websites und in Lexika, doch auch im Bekanntenkreis, wie die verarbeiteten Objekte, die Arbeitsmaterialien und das Handwerkszeug in der jeweiligen Fachsprache heißen und wie man sie beschreiben oder definieren kann. Daraufhin beschriftete ich die erhaltenen Fotos, bildete Sätze mit den neuen Wörtern und übersetzte sie teilweise in die Sprache des Schülers. Ein Beispiel finden Sie auf der folgenden Seite.

Diese Methode ist sehr hilfreich und erleichtert das Erlernen neuer Wörter des beruflichen Alltags sehr. Zudem bietet sie den Vorteil, dass die Geflüchteten aktiv an der Unterrichtsgestaltung mitwirken können, was ihnen sehr viel Spaß macht und sie aus der passiven Rolle befreit.

Außenbeleuchtung → Straßenlaternen

die Straßenlampe (Sg.) – die Straßenlampen (Pl.)   *street lamp / street*
die Straßenlaterne (Sg.) – die Straßenlaternen (Pl.)   *light*

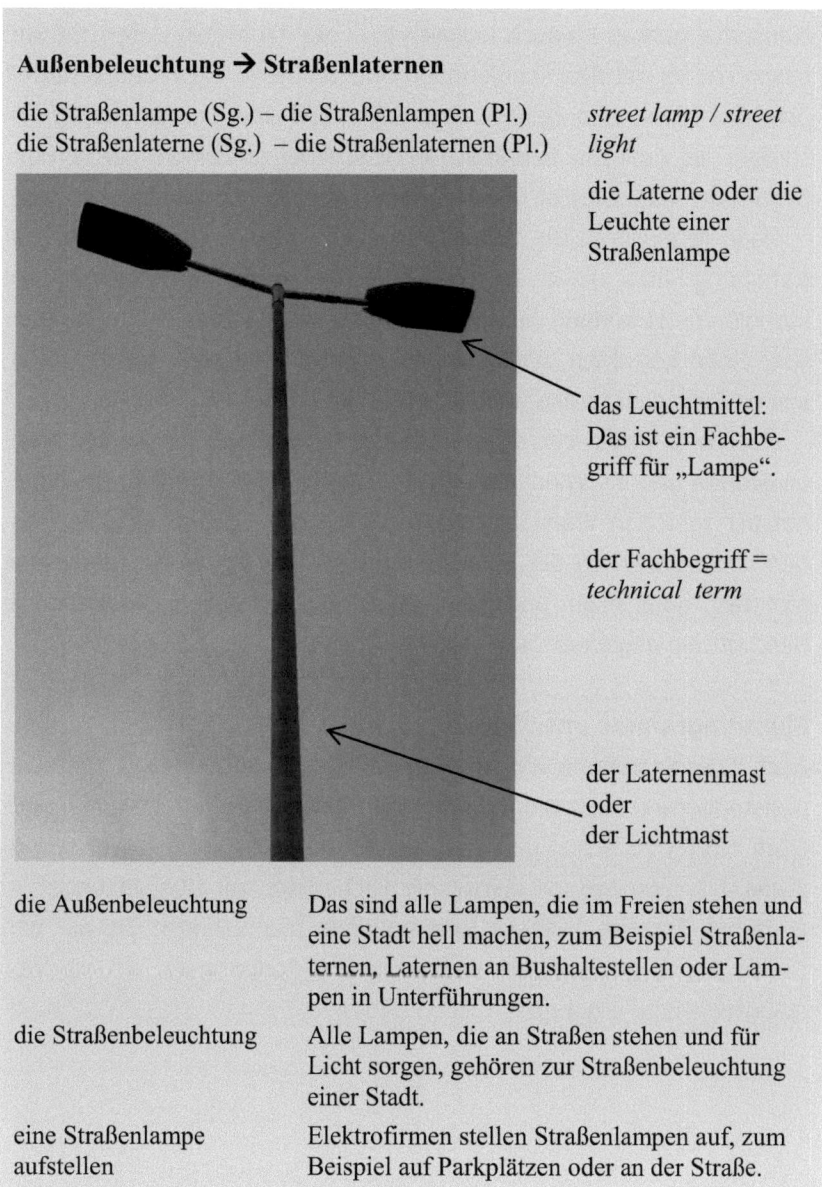

die Laterne oder die Leuchte einer Straßenlampe

das Leuchtmittel: Das ist ein Fachbegriff für „Lampe".

der Fachbegriff = *technical term*

der Laternenmast oder der Lichtmast

die Außenbeleuchtung	Das sind alle Lampen, die im Freien stehen und eine Stadt hell machen, zum Beispiel Straßenlaternen, Laternen an Bushaltestellen oder Lampen in Unterführungen.
die Straßenbeleuchtung	Alle Lampen, die an Straßen stehen und für Licht sorgen, gehören zur Straßenbeleuchtung einer Stadt.
eine Straßenlampe aufstellen	Elektrofirmen stellen Straßenlampen auf, zum Beispiel auf Parkplätzen oder an der Straße.

Beispiel für Wortschatztraining anhand eines Fotos.

Manchmal nehme ich auch lediglich ein Foto mit in den Unterricht und bespreche es mit den Schülerinnen und Schülern. Wir reden zunächst über das Motiv, zum Beispiel über Feilen aus einer Schreinerei, Warnschilder am örtlichen Bahnhof, Gebotsschilder aus einem der Lehrbetriebe oder Gabelstapler und Hubwagen in einem Logistikkonzern.

Dann formulieren die Schülerinnen und Schüler auf Basis der Unterhaltung Sätze, die ich an die Tafel schreibe und die wir gemeinsam korrigieren. So können sie nachverfolgen, wie man aus einem falschen Satz einen korrekten macht, welche Wörter umgestellt werden müssen und wie die korrekte Schreibweise der Wörter ist.

Nach dem Unterricht erstelle ich als Vorbereitung für die kommende Stunde und als Wiederholung der bearbeiteten Themen ein Handout mit zentralen Wörtern, doch auch mit den Sätzen der Schülerinnen und Schüler. In der Folgestunde lesen wir die Wörter und Sätze mehrfach gemeinsam und besprechen erneut das Foto, während die Beschriftung abgedeckt ist.

Flussdiagramme entwickeln

Auch Flussdiagramme von Arbeitsvorgängen (wie überhaupt alle Visualisierungen) können den Schülerinnen und Schülern helfen, die zentralen Wörter zu lernen und die einzelnen Arbeitsschritte zu verstehen. Zumeist kombiniere ich hierfür die Fachwörter mit Übersetzungen in einfacher Sprache (weitere Informationen hierzu finden Sie auf den Seiten 22 bis 24) und mit Bildern oder Piktogrammen, um die Verständlichkeit zu erhöhen.

Lagerhaltung:

Die Schritte des Arbeitsflusses	Der Weg der Güter durch das Lager und deine Arbeit
Warenannahme ↓	LKW bringen die Ware und der Logistiker nimmt sie an.
Warenprüfung ↓	Der Logistiker prüft: Ist die Ware gut? Ist die Ware kaputt? Ist die Verpackung kaputt?
Einlagerung ↓	Der Logistiker bringt die Ware an die richtige Stelle im Lager.
Auslagerung ↓	Der Logistiker holt die Ware aus dem Lager.
Verpackung ↓	Die Ware wird verpackt, zum Beispiel kommt die Ware in Gitterboxen oder auf Paletten.
Versand	Die Ware verlässt das Lager, zum Beispiel kommt ein LKW und nimmt die Ware mit.

Ein Flussdiagramm zeigt die verschiedenen Arbeitsschritte der Lagerhaltung. Diese werden in einfacher Sprache beschrieben (s. folgende Seite).

Sehr hilfreich ist es auch, beim Bearbeiten solcher Flussdiagramme die Schülerinnen und Schüler erzählen zu lassen, wie in ihrem Betrieb die verschiedenen Arbeitsschritte ausgeführt werden. Wenn sie ein inneres Bild mit einem Fachbegriff oder einem Arbeitsvorgang verbinden können, hilft ihnen dies sehr beim Lernen und beim Behalten des Gelernten. Ein Beispiel einer solchen Schüleräußerung ist die folgende: *„Ah, Wareneingang kenne ich. Da kommen die LKW. Herr Müller spricht immer mit den Fahrern."*

2.3 Überarbeiten Sie die Unterlagen aus der Schule

Beim Unterricht mit Berufsschülern können Sie auf Schulbücher und Unterrichtsmaterialien (in vielen Berufsschulen wird mehr mit Handouts als mit Büchern gearbeitet) zurückgreifen. Auf dieser Basis können Sie eigene Übungen und Wortschatztrainings entwickeln (s. Kapitel 3 und 4). Bedenken Sie, dass Sie stets Deutsch *und* das jeweilige Thema vermitteln müssen.

Darum empfiehlt es sich, dass Sie jedes neue Thema mit dem Erlernen des einschlägigen Wortschatzes beginnen, indem Sie die neuen Wörter erklären, übersetzen, veranschaulichen oder mittels Fotos einführen. Wenn ein Auszubildender zum KFZ-Mechatroniker die Wörter *„Kraftstoff-Luft-Gemisch"*, *„Zylinder"*, *„Verbrennungsgase"* oder *„Kolben"* nicht kennt, kann er nicht den Inhalt der Lerneinheit *„Der Antrieb"* erfassen. Sehr hilfreich hierfür sind Fotos oder Zeichnungen in Bildwörterbüchern, einschlägigen Lerneinheiten sowie in Katalogen der jeweiligen Branche. Auch ein Blick in Ihr eigenes Auto kann beim Erlernen dieser neuen Wörter sehr förderlich sein.

Texte in einfache Sprache übersetzen

Die sogenannte *„Leichte Sprache"* verfolgt die Idee, Texte so einfach zu formulieren, dass sie für alle Menschen verständlich sind und somit niemand von Informationen ausgeschlossen bleibt, auch nicht Menschen mit Lernbehinderungen. Für die Leichte Sprache gibt es feste Regeln. In den vergangenen Jahren sind immer mehr Texte, vor allem in der öffentlichen Verwaltung, in Leichte Sprache übersetzt worden. Sie werden zum Beispiel auf Websites von Kommunen zusätzlich zu den schwer verständlichen Verwaltungstexten angeboten.

Für den Unterricht mit Nicht-Muttersprachlern lassen sich viele Ideen der Leichten Sprache sehr gut anwenden, jedoch nicht alle. Man spricht dann von *„einfacher Sprache"*. Sie ermöglicht verständliche Texte in Standardsprache, indem sie alle Möglichkeiten der Grammatik nutzt, die zu mehr Verständlichkeit führen, zum Beispiel Verzicht auf Fremdwörter und Passivkonstruktionen, auf Synonyme oder unbekannte Wörter sowie auf lange Schachtelsätze.

Auch für die Nachhilfe mit Geflüchteten bietet es sich an, Texte und Inhalte aus Schulbüchern in einfache Sprache zu übersetzen, um sie verständlicher zu machen. Denn der Lernerfolg ist sehr gering, wenn Sie diese Texte mit Schülerinnen und Schülern gemeinsam Wort für Wort übersetzen. Vielmehr sollten Sie nicht nur die Sprache vereinfachen, sondern auch die Inhalte auf das Wesentliche verdichten und dank des Layouts übersichtlich gestalten (zum Beispiel mit Listen und Aufzählungen, Diagrammen, Schaubildern oder Mindmaps).

Ich übertrage fast alle Texte und Themen aus Schulbüchern oder Handouts in einfache Sprache. Zumeist erfasse ich in der Vorbereitungsphase zu Hause die Hauptaspekte eines Themas und entwickle aus ihnen eigene Schulungsunterlagen, die auf meine Schüler zugeschnitten sind. In meinen Texten erwähne ich nur die wichtigsten Aspekte, formuliere kurze Sätze, zumeist Hauptsätze, achte auf bekannte Wörter, kürze Wörter (so wird aus der *„Aufgabenstellung"* die *„Aufgabe"*), arbeite gezielt mit Wortwiederholungen, vermeide das Passiv, liste Stichworte auf anstatt Sätze zu schreiben, mache bei jedem neuen Aspekt einen Absatz. Ich ergänze aber auch Sätze, um Wörter einzuführen, damit der Inhalt erfasst werden kann. Kurzum, ich setze alle Strategien ein, die einen Text verständlich machen. Dies erfordert viel Vorbereitung, aber der Lernerfolg ist sehr groß.

Text wie er in einem Schulbuch stehen könnte	**Text in einfacher Sprache**
Duale Ausbildungsberufe	*Duale Ausbildung in Deutschland*
Der für Deutschland charakteristische Ausbildungsweg ist die „duale Ausbildung".	*Handwerker und Handwerkerinnen machen in Deutschland eine Ausbildung. Sie heißt Lehre oder „duale Ausbildung". Die Auszubildenden gehen in die Schule (in die Berufsschule) und arbeiten im Betrieb.*
Der Begriff „dual" beschreibt die Kombination aus praktischer Ausbildung in einem Betrieb mit der Vermittlung theoretischer Inhalte in einer Berufsschule. Gerade wegen der einzigartigen Kombination aus Theorie und Praxis gilt diese Ausbildungsform als Besonderheit des deutschen Bildungssystems und genießt international große Anerkennung.	*Es gibt die duale Ausbildung nur in Deutschland und sie ist auf der ganzen Welt berühmt.*
Die Ausbildung erstreckt sich, je nach Ausbildungsberuf, über zwei bis dreieinhalb Jahre. Betriebliche Ausbildungen werden unter anderem im Handwerk, in Industrie und Handel, im Dienstleistungsbereich und in der Schifffahrt sowie in der Landwirtschaft, doch auch bei Freiberuflern (beispielsweise bei Ärzten, Apothekern, Rechtsanwälten oder Steuerberatern) und im Öffentlichen Dienst angeboten.	*Die Ausbildung dauert zwei bis dreieinhalb Jahre. Junge Menschen können unter anderem in folgenden Bereichen eine Ausbildung machen:* *– im Handwerk,* *– in Industrie und Handel* *– im Dienstleistungsbereich,* *– in der Schifffahrt und* *– in der Landwirtschaft.*

Vergleich zwischen einem Text in Standarddeutsch (linke Spalte) und einem Text in einfacher Sprache mit weniger Inhalt (rechte Spalte).

Sehr hilfreich für die Stoffvermittlung ist zudem, wenn Sie einen Fließtext in einen Frage-Antwort-Katalog überführen – und die Inhalte in einfacher Sprache wiedergeben, wie das folgende Beispiel zeigt.

Probleme der Altersvorsorge in Deutschland (Thema: Sozialstaat)

1 Was sind die Probleme der gesetzlichen Rentenversicherung (RV)?
– *Es gibt zu wenige Kinder und junge Menschen.*
– *Es gibt immer mehr Rentner. Die Folge: Immer weniger junge Menschen müssen für immer mehr alte Menschen bezahlen. Die Alterspyramide in Deutschland zeigt das.*
– *Die jungen Menschen müssen immer mehr bezahlen.*
– *Die Rentner erhalten in Zukunft immer weniger Rente.*
– *Viele alte Menschen können von der Rente nicht oder nur schlecht leben (Altersarmut).*

2 Wie wären diese Probleme deiner Meinung nach zu lösen?
– *Die Menschen müssen länger arbeiten. Dann bekommen sie später Rente.*
– *Deutschland braucht mehr Kinder.*
– *Deutschland braucht Zuwanderung: Viele Zuwanderer sind jung. Sie arbeiten und zahlen in die Rentenversicherung ein. Oft bekommen sie mehr Kinder als Deutsche.*

3 Welche Wege gibt es, um für das Alter vorzusorgen?
– *Die gesetzliche Rentenversicherung.*
– *Eine private Rentenversicherung (dafür müssen Menschen extra bezahlen).*
– *Betriebliche Rentenversicherung (bezahlt der Betrieb).*
– *Sparen für das Alter, zum Beispiel auf der Bank.*
– *Immobilien kaufen (wenn man viel Geld hat).*

Beispiel für die Vermittlung des Themas „*Altersvorsorge*" aus dem Kapitel „*Soziale Marktwirtschaft*" in einfacher Sprache und mittels Fragen.

Textverstehen: Fragen zum Text

Wenn in der Berufsschule Texte gelesen werden, dann verstehen Ihre Schülerinnen und Schüler diese oft nicht. Darum überführe ich Texte und deren zentrale Inhalte auch in Übungen mit Fragen und anzukreuzenden Antworten (Multiple-Choice-Tests).

Aufgabe: Lesen Sie den Text und kreuzen Sie die richtigen Antworten an.

Berufe im Handwerk: der Bäcker oder die Bäckerin

Sabine Müller beginnt sehr früh mit der Arbeit. Sie steht schon um drei Uhr in der Nacht auf. Im Betrieb zieht sie ihre Arbeitskleidung an, denn alles muss sehr sauber sein. Dann informiert sie der Chef über ihre Aufgaben. Sabine Müller arbeitet viel mit ihren Händen. Sie mischt Mehl und andere Zutaten. Sie formt Brot und knetet Teig. Am liebsten backt sie Kuchen.

Sabine Müller arbeitet als
- ☐ Bäckerin
- ☐ Schneiderin

Sabine Müller muss sehr früh aufstehen.
- ☐ richtig
- ☐ falsch

Sabine Müller muss keine Arbeitskleidung tragen.
- ☐ richtig
- ☐ falsch

Sie arbeitet viel mit den Händen.
- ☐ richtig
- ☐ falsch

Sie backt sehr gerne Brezeln.
- ☐ richtig
- ☐ falsch

Fragen zum Text helfen, dessen Inhalt zu erarbeiten und den Wortschatz zu trainieren.

Multiple-Choice-Tests in der Nachhilfe durchzuführen hat den weiteren Vorteil, dass Ihre Schülerinnen und Schüler diese Methode kennenlernen, die oft in Klassenarbeiten und Prüfungen verwendet wird.

– Lösung –

Aufgabe: Lesen Sie den Text und kreuzen Sie die richtigen Antworten an.

Berufe im Handwerk: der Bäcker oder die Bäckerin

Sabine Müller beginnt sehr früh mit der Arbeit. Sie steht schon um drei Uhr in der Nacht auf. Im Betrieb zieht sie ihre Arbeitskleidung an, denn alles muss sehr sauber sein. Dann informiert sie der Chef über ihre Aufgaben. Sabine Müller arbeitet viel mit ihren Händen. Sie mischt Mehl und andere Zutaten. Sie formt Brot und knetet Teig. Am liebsten backt sie Kuchen.

Sabine Müller arbeitet als
   X   Bäckerin
   ☐   Schneiderin
Sabine Müller muss sehr früh aufstehen.
   ☐   richtig
   X   falsch
Sabine Müller muss keine Arbeitskleidung tragen.
   ☐   richtig
   X   falsch
Sie arbeitet viel mit den Händen.
   X   richtig
   ☐   falsch
Sie backt sehr gerne Brezeln.
   ☐   richtig
   X   falsch

Lösung: Fragen zum Text.

Klassenarbeiten als Basis eigener Übungen

Es empfiehlt sich auch, im Nachklapp zu den jeweiligen Klassenarbeiten aus diesen eigene Übungen zu entwickeln. Lesen Sie die Aufgaben und Lösungen sowie Fehler genau durch und ermitteln Sie, wie die jeweilige Note zustande kam – und wie Sie Ihren Schülerinnen und Schülern helfen können, dass es bei der nächsten Klassenarbeit besser klappt.

Steht eine „richtige" Antwort bei der falschen Frage? Dann wurde wohl die Fragestellung nicht verstanden, und der Schüler hat irgendetwas Gelerntes an die falsche Stelle geschrieben. Hat eine Schülerin anstatt die richtigen Antworten anzukreuzen die falschen Antworten durchgestrichen? Dann hat sie das Multiple-Choice-Prinzip nicht begriffen und Sie sollten mit dieser Schülerin diese Abfragemethode trainieren.

Vielleicht ist aber auch das Deutsch so schlecht, dass zwar Sie verstehen können, was eine Schülerin gemeint hat, der Lehrer für Gemeinschaftskunde hingegen nicht. Vor allem im ersten Berufsschuljahr habe ich dieses Problem immer wieder feststellen müssen. Darum empfehle ich (s. in Kapitel 4.3 die Passage „Strategie 3: Stichwortmethode") zunächst das Antworten in Stichworten zu üben, bevor sich die Schülerinnen und Schüler an ganze Sätze wagen.

Ein häufiges Problem ist auch die mangelnde Zeit. Das Lesen in einer fremden Sprache erfordert viel mehr Zeit, als die deutschen Schulen vorsehen. Sprechen Sie mit den Lehrerinnen und Lehrern. Bisweilen erhalten Geflüchtete – ebenso wie deutsche Benachteiligte – mehr Zeit in den Prüfungen. Dies muss man aber bei der Schulleitung beantragen.

Wörter der Aufgabenstellung trainieren

Große Probleme haben viele Geflüchtete aufgrund ihrer geringen oder anderen Schulerfahrung mit den Fragestellungen und Aufgaben in den Klassenarbeiten und Prüfungen. Trainieren Sie diese darum von Anfang an. Erklären Sie genau, was mit der jeweiligen Formulierung gemeint ist und vermitteln Sie anhand von Beispielen, was Aussagen wie die folgenden bedeuten bzw. was die Lehrkraft als Antwort erwartet.

Kreuzen Sie die richtige Antwort an. Beachten Sie, dass eine falsche Antwort Notenabzug bedeutet.

Nennen Sie Beispiele für ...

Wie verläuft der Arbeitsprozess bei ...?

Erörtern Sie die Vor- und Nachteile von ...

Erklären Sie die Bedeutung von ...

Schreiben Sie eine Charakterisierung von ...

Beschreiben Sie die Karikatur ....

Erläutern Sie anhand der Karikatur die Probleme von ...

Analysieren Sie die genannten Herausforderungen ...

Was empfehlen Sie dem Azubi? Formulieren Sie Ihren Tipp an ihn in einer Kurznachricht.

Zeichnen Sie ein Strukturbild von ...

Beschreiben Sie die Mindmap...

Welche Gefahren benennt das Diagramm? Informieren Sie Ihren Kollegen.

Berechnen Sie für Ihre eigene Person ...

Stimmt die Aussage von Peter zur Gewährleistung? Argumentieren Sie juristisch.

Mit Aufgabenstellungen wie diesen haben viele Geflüchtete Schwierigkeiten.

2.4 Eine gute Vorbereitung ist sehr wichtig

Wer Menschen individuell unterrichten will, muss Zeit in eine gute Vorbereitung investieren – und diese auch einplanen. Sich erst während der Nachhilfe das zu besprechende Thema zeigen lassen und sich einarbeiten, während die Schülerin oder der Schüler daneben sitzt, verbraucht viel kostbare Zeit und bringt kein fundiertes Ergebnis. Stattdessen sollten sich die Lehrenden vorab vorbereiten.

Darum ist es wichtig, dass sich die Unterrichtenden so schnell wie möglich die Bücher ihrer Schülerinnen und Schüler kaufen oder kopieren und diese für die Vorbereitung nutzen. Vergessen Sie nicht, sich immer die Handouts geben zu lassen, mit denen in mancher Berufsschule mehr als mit Büchern unterrichtet wird. Sie sind oft sehr hilfreich für den Nachhilfeunterricht, da sie den Unterrichtsstoff vereinfacht und in Stichworten darbieten.

Tafelanschrieb als Handout verteilen

Oft habe ich die Erfahrung gemacht, dass die Lösungen von Übungen, die wir in der Nachhilfe gemeinsam machen, falsch oder nicht gut leserlich von der Tafel abgeschrieben werden. Darum habe ich zusätzlich fast immer die Lösungen als Ausdruck dabei und verteile sie, nachdem die Übung beendet ist. Auch nutze ich sie als zusätzliche Leseübung. So können die Schülerinnen und Schüler das im Unterricht Gehörte zu Hause nachlesen – ohne sich die abgeschriebenen Fehler anzugewöhnen.

Wenn wir in einer Unterrichtsstunde gemeinsam freie Sätze formulieren, dann schreibe ich diese stets mit (oder mache ein Foto vom Tafelanschrieb) und erfasse sie zu Hause als Handout, das ich in die kommende Nachhilfestunde mitbringe. Dieses lesen wir zuerst und besprechen offene Fragen, bevor die neue Nachhilfestunde beginnt.

Bei mir hat es sich als sehr gut erwiesen, dass die Berufsschüler mir die Seiten der Bücher oder Handouts fotografieren und sie mir entweder per E-Mail- oder WhatsApp-Anhang vorab zusenden. So kann ich mich vor dem Unterricht gut vorbereiten.

Nähe zum Berufsschulunterricht ist wichtig

Schlechte Erfahrungen habe ich damit gemacht, wenn die Schüler mir schreiben sollen, was sie in der kommenden Woche mit mir lernen wollen. Zum einen verstehen sie oft nicht das jeweilige Thema des Schulunterrichts oder wissen nicht, mit welchen Materialien sie gerade im Betrieb arbeiten. Zum anderen habe ich schon Themen in einer Art und Weise vorbereitet, die nicht der Didaktik des Berufsschulunterrichts entsprach – und darum für die Schüler nicht hilfreich war. Je näher meine Nachhilfe am Berufsschulunterricht dran ist, umso mehr kann der Schüler das mit mir Erarbeitete für die Berufsschule und für Prüfungen nutzen.

Auch beim Lernen mit Schülern in Praktika oder in Helferstellen habe ich mir immer wieder Fotos schicken lassen. So konnte ich sehen, was sie gerade arbeiten und konnte Übungen zu Wortschatz oder Grammatik entwickeln.

Manchmal kann es hilfreich sein, mit dem Vorgesetzten oder Chef eines Schülers zu sprechen. Manche stellen dann Prospektmaterial (gut für das Lernen von Fachwortschatz) oder Bücher (von anderen Azubis aus der Berufsschule) zur Verfügung oder informieren bereitwillig Ehrenamtliche über Themen, die gelernt werden sollten. Aber es gibt auch Arbeitgeber, die den Unterricht ihrer Mitarbeiter nicht unterstützen. Wie für die Berufsschule so gilt auch hier: Die Ehrenamtlichen bewegen sich in einem Bereich der Freiwilligkeit, der es ihnen unmöglich macht, Leistungen von anderen einzufordern.

2.5 Lernen lehren – geben Sie Tipps

Die meisten Schülerinnen und Schüler des ehrenamtlichen Nachhilfeunterrichts haben nur eine geringe oder eine kulturell andere Schul- und Lernerfahrung. Darum kann es sehr hilfreich sein, ihnen Strategien für ein erfolgreiches Lernen zu vermitteln. Einige Anregungen stelle ich Ihnen in diesem Kapitel vor.

Tipp 1: Sich Ziele setzen

Mit einem klaren Ziel vor Augen lernt es sich leichter. Man kann sich viel besser motivieren, wenn man weiß, warum man lernt. Besprechen Sie darum mit Ihren Schülerinnen und Schülern, was sie erreichen wollen und wie ihr selbst gestecktes Ziel ihr Leben verändert oder verbessert. Mögliche Ziele von Geflüchteten können sein:

- *„Ich will Deutsch lernen, damit ich mich besser in Deutschland zurechtfinde und meinem Kind helfen kann."*
- *„Ich will zur Schule gehen, da ich in meiner Heimat nicht die Chance hatte zu lernen."*
- *„Wenn ich eine Ausbildung gemacht habe, kann ich in Deutschland arbeiten und Geld verdienen."*
- *„Wenn ich eine Ausbildung gemacht habe, kehre ich nicht mit leeren Händen zurück nach Hause, wenn ich gehen muss."*

Schreiben Sie die Ziele oder das Ziel gemeinsam nieder. Ihre Schülerin oder ihr Schüler soll das Blatt am besten gut sichtbar aufhängen. Das ist eine gute Motivationshilfe, wenn das Lernen mal keinen Spaß macht oder nach der Arbeit sehr anstrengend ist.

Tipp 2: Täglich lernen

Wer jeden Tag etwas lernt – und seien es nur 25 Minuten – ist viel erfolgreicher als jemand, der selten und dafür lange lernt. Darum ist dies ein sehr wichtiger Tipp. Regelmäßiges Lernen führt zu einer Routine, man gewöhnt sich daran und irgendwann übt man ganz automatisch.

Wer nur selten lernt, der vergisst sehr schnell. Aber bei täglichem Lernen behält man mehr und länger die gelernten Inhalte. Auch durch das passive oder unbewusste Lernen wird die regelmäßige Beschäftigung mit Themen sehr intensiv. Wer regelmäßig lernt, der steht auch nicht eines Tages vor einem riesigen Berg an Stoff, den er nicht bewältigen kann.

Es gibt viele Möglichkeiten, sich regelmäßig und kurz mit Lernstoffen zu beschäftigen: mal Wörter wiederholen, ein Lernvideo noch einmal betrachten, einen kurzen Text lesen, mit einem Kollegen über ein Fachthema sprechen, Ihnen eine kurze E-Mail schreiben, eine alte WhatsApp korrigieren.

Vermitteln Sie Ihren Schülerinnen und Schülern unbedingt, wie wichtig und hilfreich dieser Tipp ist und geben Sie ihnen Beispiele für tägliches Lernen. Hin und wieder können Sie auch im Nachhilfeunterricht nachfragen, ob und wie die Lernroutine klappt.

Tipp 3: Gutes Lernumfeld

Zum erfolgreichen Lernen gehört ein gutes Umfeld: ein passender Schreibtisch, ein guter Stuhl, Platz für die Unterlagen und Bücher, Büromaterial wie Ordner, Locher oder Papier. Wer mit Geflüchteten lernt, sollte prüfen, ob dies – zumindest teilweise – vorhanden ist.

In vielen Gemeinschaftsunterkünften gibt es weder Schreibtisch noch Bürostuhl auf dem Zimmer, bisweilen sind sie auch verboten, vor allem in den Landeserstaufnahmestellen (LEA). Darum lernen manche

Geflüchtete im Bett, auf dem Boden oder am einzigen Tisch im Zimmer, den sie sich mit dem Mitbewohner teilen oder der lediglich ein Wohnzimmertisch ist. Auch in privaten Wohnungen oder in Privatzimmern verfügen viele weder über Möbel, die sich zum Lernen eignen, noch über das entsprechende Büromaterial.

Sie tun sicherlich gut daran, ihre Schülerinnen und Schüler mal danach zu fragen, wie und wo sie lernen und ob sie Büromaterial besitzen. Ordner, Papier, Locher und ähnliches lässt sich oft einfach beschaffen, vielfach aus Spenden von Firmen oder aus Sammlungen der Ehrenamtskreise. Eine sehr große Hilfe ist es auch, wenn Sie Ihren Schülerinnen und Schüler einen kleinen Esstisch mit Stuhl besorgen oder – wenn das Zimmer groß genug ist – sogar einen alten Schreibtisch.

Da die meisten Geflüchteten lediglich über ein Smartphone verfügen, aber weder über einen Computer oder Laptop noch über eine Flatrate oder einen Drucker, stehen ihnen die Möglichkeiten des digitalen oder onlinebasierten Lernens nur sehr begrenzt oder gar nicht zur Verfügung. Während der Corona-Krise im Jahr 2020, als die Schulen wegen dieser Viruskrankheit über Monate hinweg geschlossen waren, mussten viele Geflüchtete diesen Nachteil bitter erfahren. In dieser Zeit haben sie nur sehr wenig gelernt. Die oft fehlende Unterstützung durch die fest angestellten Lehrerinnen und Lehrer hat für sie – wie für andere benachteiligte junge Menschen auch – das Problem noch vergrößert.

Tipp 4: Wiederholen, wiederholen, wiederholen

Einmal gelernte Inhalte sind schnell wieder vergessen, wenn man sie nicht wiederholt. Erst nach mehrmaligem Wiederholen ist Wissen fest verankert. Ermutigen Sie darum Ihre Schülerinnen und Schüler unbedingt, dass sie selbstständig und alleine wiederholen: Wörter, Themen, Rechenaufgaben, Übersetzungen, Stichwortlisten usw. Geben Sie auch Wiederholungen als Hausaufgabe.

Da ich oft gemerkt habe, dass meine Schüler leider nicht wiederholen, habe ich begonnen, Wiederholungen in meinen Nachhilfeunterricht einzubauen. Beispielsweise habe ich in einer Stunde ein neues Thema aus dem Berufsschulunterricht eingeführt. Am Beginn der folgenden Stunde verteile ich denselben Text mit fehlenden Buchstaben, die ergänzt werden müssen, oder ich mache Übungen zum neuen Wortschatz oder stelle Fragen zum Text. Wenn ich ein Thema lediglich einmal behandle und es nicht wiederhole, dann ist der Lernerfolg in der Regel sehr gering – oder sogar bei null. Planen Sie darum Wiederholungen fest in Ihre Unterrichtsgestaltung ein.

Tipp 5: Keine Ablenkung während des Lernens

Wer konzentriert lernt, tut dies intensiver und erfolgreicher. Darum sollten Sie vermitteln, wie sich Ablenkungen vermeiden lassen: Kein Smartphone neben das Buch oder den Ordner legen! Diese Regel sollte auch für den Unterricht gelten. Zuhause erst lernen, wenn die Kinder im Bett sind. Niemand darf mal „rasch" ins Zimmer auf einen Plausch kommen. Kein Blick ins Internet ist erlaubt.

Wenn jemand Konzentrationsschwierigkeiten hat, können Sie kurze Lerneinheiten von ca. 20 Minuten vorschlagen, dann folgt eine Pause mit allen Ablenkungen, die das Leben so zu bieten hat – und dann wird wieder 20 Minuten gelernt. Wer sich daran gewöhnt, kann schon bald konzentrierter lernen und wird sicherlich mit den Monaten immer länger lernen können.

Bitte vermeiden Sie in der Nachhilfe unbedingt Ablenkungen. Sie müssen stets gutes Vorbild sein und sich immer auf den Unterricht konzentrieren. Erzählen Sie darum während der Nachhilfe nicht von Ihren privaten Wochenenderlebnissen und fragen Sie Ihre Schüler nicht nach deren Problemen wegen des Asylverfahrens. Solche Gespräche sollten ausschließlich vor oder nach der Unterrichtsstunde stattfinden (s. Kapitel 2.6). Entwickeln Sie hierzu einen sinnvollen Plan und halten Sie sich strikt an diesen.

Tipp 6: Gemeinsam lernt es sich besser

Machen Sie Ihren Schülerinnen und Schülern deutlich, dass es hilfreich ist, gemeinsam mit anderen zu lernen und ermutigen Sie sie, sich jemanden zum gemeinsamen Lernen zu suchen. Das kann eine andere Schülerin sein, ein Mitschüler aus der Berufsschule, ein Arbeitskollege (um branchenspezifisches Wissen zu besprechen), ein informeller Austausch im Ehrenamtskreis – oder aber Sie selbst als Nachhilfelehrer/-in.

Wenn Sie diesen Tipp für sinnvoll halten, dann sollten Sie seine Umsetzung aktiv betreiben. Denn in außereuropäischen Kulturkreisen scheint das Lernen in Teams oder Tandems nicht sehr ausgeprägt zu sein. Ich habe noch nie erlebt, dass mehrere Nachhilfeschüler aus eigener Motivation gemeinsam gelernt haben. Wenn ich dies angestoßen habe, dann hat dies zumeist nur eine Zeitlang geklappt und solange ich dies gefördert habe. Danach ist das Lernen zu zweit oder zu dritt schnell wieder eingeschlafen.

2.6 Private Themen kommen zur Sprache

Nur in Kleingruppen ist es für Ehrenamtliche möglich, Themen jenseits von Schule und Ausbildung zu besprechen. Das ist immer wieder erforderlich, da geflüchtete Menschen oft persönliche Probleme im Unterricht ansprechen: Sie verstehen Briefe vom BAMF (Bundesamt für Migration und Flüchtlinge) nicht und bitten um deren Übersetzung sowie Erklärung. Sie müssen einen Termin mit dem Jobcenter oder mit der Berufsschule vereinbaren. Sie suchen nach Antworten auf Fragen rund um ihr Asylverfahren.

Einen Brief zu übersetzen bzw. die erforderlichen Schritte zu erklären, ist oft eine sehr große Hilfe für die Betroffenen und kein allzu großer Aufwand für die Ehrenamtlichen. Ich empfehle aber dringend, juristische Probleme nie im Alleingang bearbeiten zu wollen. Eine Fehlberatung kann für die Betroffenen schwerwiegende negative Folgen nach sich ziehen. Sie kann für Geflüchtete finanzielle Nachteile, Arbeitsverbot oder sogar die Abschiebung aus Deutschland bedeuten.

Ziehen Sie Grenzen

Sie als ehrenamtlich Unterrichtende sollten sich immer wieder gut überlegen, wie weit Ihre Hilfsbereitschaft in nicht-schulischen Dingen geht. Nicht jeder Ehrenamtliche, der gerne unterrichtet, will oder kann solch eine Beratung und Unterstützung leisten – und muss dies auch nicht. Legen Sie für sich fest, wie sehr Sie sich mit den psychologischen und privaten Problemen Ihrer Schülerinnen und Schüler befassen wollen oder können.

Bedenken Sie, dass Sie es mit Menschen in großer Not und in einer sehr unsicheren Lage zu tun haben. Dies führt bisweilen zu Verhaltensweisen, die niemandem helfen. Beispielsweise kommt es in Asylkreisen immer wieder vor, dass Geflüchtete mit ihren Problemen zu mehreren Ehrenamtlichen gleichzeitig gehen und diese um Hilfe bitten, so dass zum Schluss Frau Meier, Herr Schulz und Frau Müller sich um den Antrag beim Jobcenter kümmern. Dies ist eine unnötige Mehrarbeit und führt oft zu Schwierigkeiten bei der Bearbeitung.

Ich habe es oft als positiv erlebt, wenn ehrenamtlich Lehrende ganz offen und ehrlich kommunizieren, was sie leisten können und was nicht. Auch nach einer solchen Grenzziehung können Sie Ihre Schülerinnen und Schüler sehr gut unterstützen. Geben Sie Ihnen beispielsweise eine Liste mit kompetenten Ansprechpartnern in der Gemeinde, zum Beispiel der Integrationsmanager sowie der Beratungsstellen von Caritas und Diakonie. Rufen Sie bei einem Fachanwalt für Asylrecht an und vereinbaren Sie für einen Schüler einen Termin. Drucken Sie die Beratungstermine ehrenamtlicher Gruppen aus, die sich auf Asylfragen spezialisiert haben oder stellen Sie den Kontakt zu ihnen her. Zeigen Sie Ihren Schülerinnen und Schülern, wo die Kleiderkammer, die Radwerkstatt oder das Büro für das Azubi-Ticket des ÖPNV ist.

Konzentrieren Sie sich auf das Unterrichten

Bitte verlieren Sie aber nie Ihr Anliegen aus den Augen: Nachhilfe und gemeinsames Lernen. Ansonsten wird der Unterricht zu einer Beratung asylrelevanter Aspekte oder verkommt zu einer Plauderstunde. Damit verlassen diese Unterrichtenden aber ihre Rolle als Lehrkraft und unterrichten nicht mehr. Die beklagenswerten Folgen sind dann schlechte Noten in der Berufsschule, eine geringe Verbesserung der deutschen Sprache und kein Weiterkommen im Beruf.

Übrigens merken viele Geflüchtete, wenn sich der Unterricht in diese negative Richtung entwickelt. Besonders sensibel reagieren viele, wenn sie die Neugier von Ehrenamtlichen befriedigen sollen. Ein Schüler, der plötzlich dem Unterricht einer Kollegin fernblieb, sagte mir mal: *„Ich brauche Hilfe beim Lernen. Ich will nicht über meine Flucht erzählen. Das ist privat. Ich gehe nicht mehr zu dieser Lehrerin."*

3. Bezug zur eigenen beruflichen Tätigkeit

Sehr wichtig für die Motivation, aber auch für den Lernerfolg ist der direkte Bezug des unterrichteten Stoffes zur Arbeit und zum beruflichen Alltag bzw. zur Berufsschule. Viele Geflüchtete beteiligen sich intensiv am Unterricht, sobald sie einen Bezug zu ihrem eigenen beruflichen Leben feststellen oder gar von persönlichen Erfahrungen berichten können.

3.1 Arbeitsgeräte als Anschauungsbeispiele

Je weniger Deutsch oder Fachwortschatz die Schülerinnen und Schüler beherrschen, umso hilfreicher ist es, mit Arbeitsgeräten im Unterricht zu arbeiten. Meinen Schülern hat dies stets sehr viel Spaß gemacht. Mancher von ihnen sprach zwar schlecht Deutsch und war oft gehemmt, etwas zu sagen, konnte aber sehr gut mit der jeweiligen Maschine arbeiten. Das hat ihn ermutigt, doch etwas zu sagen, da er unbedingt erklären wollte, wie die Maschine funktioniert.

Hammer, Säge und Co. im Unterricht

Beispielsweise habe ich eine Akku-Bohrmaschine mit in den Unterricht gebracht. Mittels dieses Arbeitsgeräts erlernten die Schüler Fachwörter wie *„Bohrmaschine"*, *„Akku-Bormaschine"* oder *„Rechts-Links-Lauf"*. Die didaktischen Schritte waren die folgenden:

1 Die Schüler beschreiben mündlich (mit Fehlern) das Gerät.

2 Die Fachbegriffe werden korrekt an die Tafel geschrieben.

3 Die korrekte Aussprache der Fachwörter wird geübt.

4 Die Schüler müssen die Wörter abschreiben.

5 Einfache Sätze mit den Fachwörtern werden an die Tafel geschrieben. Basis sind die mündlichen Äußerungen der Schüler.

6 Diese Sätze werden nach dem Unterricht auf einem Handout erfasst, das den Schülern in der kommenden Stunde verteilt wird.

7 Zur Wiederholung werden die Sätze in der kommenden Unterrichtsstunde mehrfach gelesen.

Leseübungen mit Fachbegriffen

Wenn einige Fachbegriffe wie oben geschrieben eingeführt sind, kann man mit ihnen Leseübungen entwickeln. Für Sprach- und Berufsanfänger empfehle ich einfache Sätze mit den jeweiligen Fachbegriffen, die diese erklären oder Beispiele für deren Verwendung geben.

Übung: Bitte lesen Sie die Sätze und unterstreichen Sie die Fachwörter, die wir bislang kennengelernt haben, zum Beispiel *Bohrmaschine* oder *Akku*.

1 *Es gibt Bohrmaschinen, die mit Strom arbeiten und ein Kabel haben, und es gibt Bohrmaschinen mit einem Akku.*

2 *Eine Akku-Bohrmaschine braucht kein Kabel. Die Bohrmaschine bekommt den Strom nicht aus der Steckdose, sondern aus dem Akku.*

3 *Der Akku ist eine Batterie, die Strom speichern kann.*

4 *Viele Geräte haben einen Akku, zum Beispiel Bohrmaschinen.*

5 *Wenn der Akku der Akku-Bohrmaschine leer ist, dann muss der Handwerker den Akku an der Steckdose aufladen.*

6 *Der Handwerker braucht ein Ladegerät mit Kabel und USB-Anschluss, um den Akku zu laden.*

Handout mit Übung zum Wiederholen neuer Fachwörter.

– Lösung –

Übung: Bitte lesen Sie die Sätze und unterstreichen Sie die Fachwörter, die wir bislang kennengelernt haben, zum Beispiel *Bohrmaschine* oder *Akku.*

1 *Es gibt Bohrmaschinen, die mit Strom arbeiten und ein Kabel haben, und es gibt Bohrmaschinen mit einem Akku.*

2 *Eine Akku-Bohrmaschine braucht kein Kabel. Die Bohrmaschine bekommt den Strom nicht aus der Steckdose, sondern aus dem Akku.*

3 *Der Akku ist eine Batterie, die Strom speichern kann.*

4 *Viele Geräte haben einen Akku, zum Beispiel Bohrmaschinen.*

5 *Wenn der Akku der Akku-Bohrmaschine leer ist, dann muss der Handwerker den Akku an der Steckdose aufladen.*

6 *Der Handwerker braucht ein Ladegerät mit Kabel und USB-Anschluss, um den Akku zu laden.*

Lösung: Handout mit Übung zum Wiederholen neuer Fachwörter.

In einer Folgestunde lasse ich am Beginn des Nachhilfeunterrichts die Sätze erneut laut lesen und verbessere einige, aber nicht alle Aussprachefehler, um die Motivation der Schülerinnen und Schüler nicht im Keime zu ersticken.

Dann folgt eine weitere Übung: Es sollen Sätze mit den Fachwörtern gebildet werden. Ich lasse stets unter den Fachwörtern Platz, damit die Schülerinnen und Schüler den Text direkt unter das entsprechende Wort schreiben können. Alle sollen auch einen Satz an die Tafel schreiben, damit wir ihn gemeinsam korrigieren können. Den korrekten Satz schreiben dann alle ab.

Übung: Bitte schreiben Sie eigene Sätze mit den folgenden Wörtern.

Beispiel: Bohrmaschine: Ich habe keine Bohrmaschinen.

1   Akku-Bohrmaschine

2   Akku

3   Batterie

4   Handwerker

5   Ladegerät

Handout zum Ergänzen eigener Sätze.

Die Qualität der gebildeten Sätze ist sehr unterschiedlich und stark abhängig vom Sprachniveau der jeweiligen Person. Manche schaffen es auch nicht, die Sätze zu schreiben, sondern können sie nur sprechen. Dann schreibe ich zusammen mit der jeweiligen Person den Satz an die Tafel.

Ein interessantes Phänomen: Oft führen solche Übungen dazu, dass die Schülerinnen und Schüler aus ihrem Leben oder ihrem beruflichen Alltag berichten. Sie haben dann oft eine große Motivation, die Übung zu machen. Beispielsweise formulierte ein Schüler mit dem Wort „Akku" folgende Sätze: *„Mein Akku ist kaputt. Ich brauche einen neuen Akku. Wo kann ich den Akku kaufen?"* Sofort entstand eine lebhafte Diskussion über die besten Handyläden.

3.2 Lassen Sie sich von der Arbeit berichten

Sehr gute Erfahrungen habe ich gemacht, wenn Schülerinnen und Schüler über Erlebnisse und Situationen aus ihrem Arbeitsalltag berichten und sich darüber austauschen. Sie trainieren damit ihre Deutschkenntnisse, üben für die Kommunikation im Betrieb und berichten Ihnen, was sie bewegt.

Über die vergangene Woche erzählen

Es ist ein gutes Sprachtraining, wenn am Anfang des Unterrichts der Schüler oder die Schülerin ein bis drei Sätze über die vergangene Woche im Betrieb erzählt; am besten ohne Vorgaben zum Inhalt. Dann hören Sie ganz unterschiedliche Geschichten, zum Beispiel über Alltagsstress (*„Ich habe viel, viel gearbeitet, viele Überstunden gemacht."*), über Kollegen (*„Sabine hat gesagt, ich soll in der Kantine essen, aber ich habe kein Geld."*) oder über Vorgesetzte (*„Mein Chef schlägt mir immer auf die Schulter. Ist das gut?"*), doch auch über Probleme wie Rassismus (*„Der Kollege sagt, alle Afrikaner stinken. Das stimmt aber nicht."*).

Diese Übung hat den Vorteil, dass Ihre Schülerinnen und Schüler immer wieder Sätze bilden, die anschließend korrigiert und niedergeschrieben werden. Ferner erfahren Sie, welche Themen gerade aktuell sind und können gegebenenfalls darauf reagieren, indem Sie diese in Ihren Unterricht einbauen.

Oft sprechen die Schülerinnen und Schüler auch Sachen an, die sie jemandem im Betrieb sagen wollen, aber bei der Formulierung Hilfe benötigen, etwa wenn sie Urlaub beantragen wollen, Kollegen freundlich begrüßen oder um eine Pause bitten wollen. Solche kleinen Kommunikationssituationen übe ich dann im Unterricht. Zumeist berichten die Schülerinnen und Schüler in der nächsten Stunde, ob die Unterhaltung geklappt hat.

Theorie aus dem Schulbuch und Praxis im Betrieb

Eine Möglichkeit, einen Bezug zur Alltagswelt der Schülerinnen und Schuler herzustellen ist es, wenn Sie bei jedem Kapitel fragen, wie der jeweilige Sachverhalt sich im eigenen Unternehmen darstellt. In Gemeinschaftskunde können Sie beispielsweise beim Thema *„Rechte der Arbeitnehmer"* fragen, ob es im Ausbildungsbetrieb einen Betriebsrat gibt. Wenn etwa Ousman erzählt, dass es in seinem Industriebetrieb einen solchen gibt, aber Lamin dies für seinen kleinen Ausbildungsbetrieb verneint, dann haben beide ein Merkmal dieser Arbeitgebervertretung kennengelernt, nämlich dass große Unternehmen immer einen Betriebsrat haben müssen, kleine Betriebe aber nicht.

Viele dieser Schilderungen aus dem Berufsalltag sind sehr lebhaft und führen zu interessanten Gesprächen; etwa beim Thema *„Kommissionieren im Lager"*. Während der eine Logistik-Azubi schildert, wie anstrengend diese tägliche Arbeit sei, zeigt sich sein Sitznachbar überrascht. Er muss fast nie kommissionieren. Wenn jeder seine Arbeit beschreibt, lernen die Schüler voneinander und erfahren, wie unterschiedlich ein und derselbe Beruf in verschiedenen Betrieben sein kann.

Tätigkeiten und Arbeitsschritte schildern

Sobald die Schüler etwas Deutsch können, ist es sinnvoll, sie – gerne mit Unterstützung der lehrenden Person – berichten zu lassen, wie sie eine bestimmte Tätigkeit ausführen. So kann ein Helfer im Garten- und Landschaftsbau erklären, wie er eine Terrasse baut, welches Handwerkszeug und Material er hierfür benötigt und welche Arbeitsschritte erforderlich sind.

Zumeist erstreckt sich solch eine Übung über zwei Unterrichtsstunden: Zunächst berichtet der Schüler so gut er kann und mit meiner Hilfe über die Arbeiten und wir verfassen gemeinsam Stichworte und kurze Sätze. In der Folgestunde bringe ich einen ausformulierten Text mit, den ich auf der Basis der Sätze des Schülers formuliert habe. Diesen Text lesen wir mehrfach gemeinsam, bis der Schüler selbst recht flüssig die eigene Arbeit beschreiben kann.

Als Alternative oder Ergänzung nutze ich Zeichnungen und Bilder zu dieser Tätigkeit. Diese zeigen die verschiedenen Arbeitsschritte, die der Schüler beschreiben soll. Sie können auch ausschließlich mit Bildern arbeiten. Wenn Sie Maurer unterrichten, dann sollten Sie Bilder von Maurern bei der Arbeit suchen. Beschreibt Ihr Schüler das Bild, kann er neue Fachwörter erlernen, bekannte wiederholen und die korrekte Verwendung der Fachbegriffe in deutschen Sätzen trainieren.

Den eigenen Beruf vorstellen

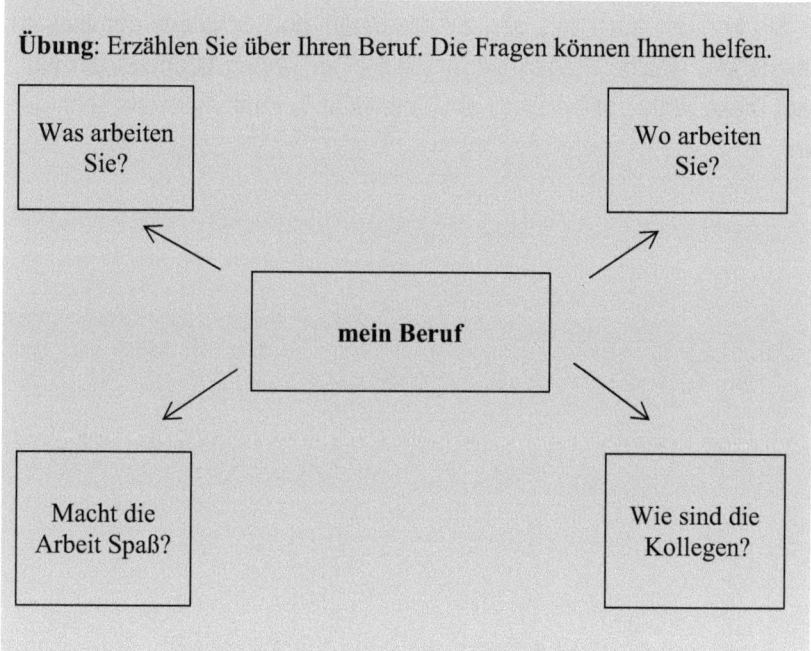

Eine Mindmap mit Fragen hilft, den eigenen Beruf vorzustellen.

Eine Kurzbeschreibung des eigenen Berufs ist ebenfalls eine gute Übung. Der Schüler trainiert dabei Wortschatz, Ausdrucksmöglichkeit und Grammatik. Wenn Sie mehrere Schüler unterrichten, dann lernen diese zugleich verschiedene Berufe kennen. Zudem gibt es in der Berufsschule immer wieder Schreibübungen, in denen der eigene Beruf und der eigene Betrieb vorgestellt werden sollen. Auch in Vorstellungsgesprächen und bei Präsentationen im Betrieb wird immer wieder von den Azubis oder Bewerbern gefordert, über sich und ihre aktuelle oder bisherige Tätigkeit zu sprechen.

Hilfreich kann sein, wenn Sie eine Mindmap mit Fragen verteilen, die der Schüler beantworten soll. Diese Fragen sollten Sie entsprechend des jeweiligen Sprachniveaus formulieren. Das obige Beispiel ist für das Anfangstraining gedacht.

Sie können auch mit den Schülerinnen und Schülern gemeinsam überlegen, welche Fragen sie in solch einer Übung beantworten wollen. Diese aktive Mitwirkung am Unterricht kommt meistens sehr gut an.

Mindmap mit Stichworten ausfüllen

Eine weitere Kommunikationsübung ist, dass Ihre Schülerinnen und Schüler die folgende Mindmap ausfüllen sollen. In die Mitte sollen sie ihren Beruf oder ihre Praktikantentätigkeit schreiben und in die Kästen darum die Tätigkeiten, die sie ausführen. Sie finden unten eine Vorlage für diese Übung sowie eine ausgefüllte Mindmap auf der folgenden Seite.

Übung: Was machen Sie jeden Tag? Welche Tätigkeiten üben Sie aus? Schreiben Sie bitte in die freien Felder.

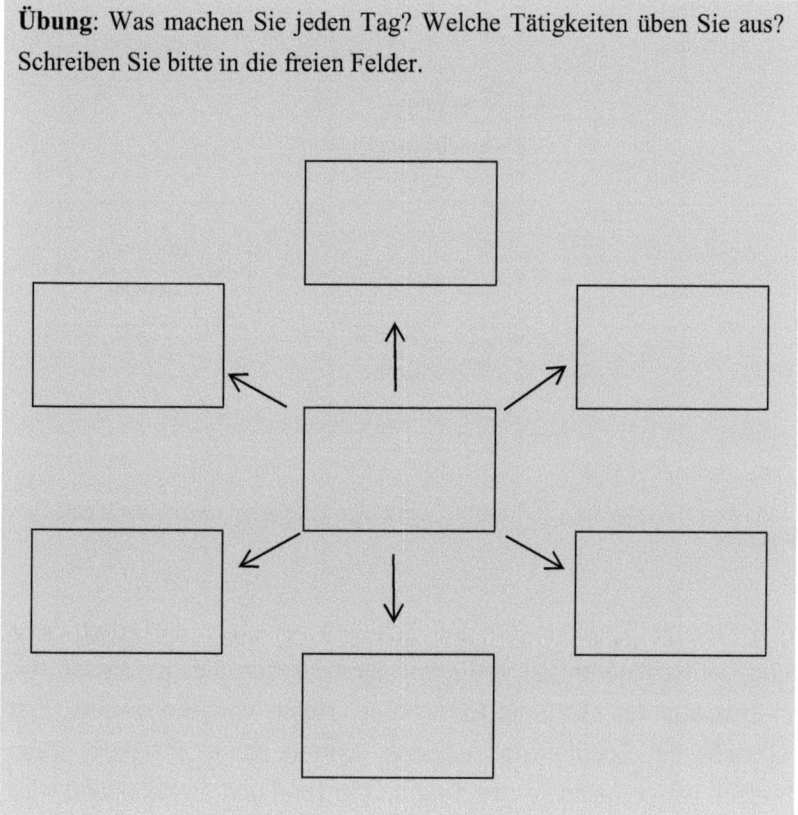

Die Schülerinnen oder Schüler sollen in eine Mindmap Stichworte eintragen, mit denen sie ihre Tätigkeiten beschreiben.

Übung: Was machen Sie jeden Tag? Welche Tätigkeiten üben Sie aus? Schreiben Sie bitte in die freien Felder.

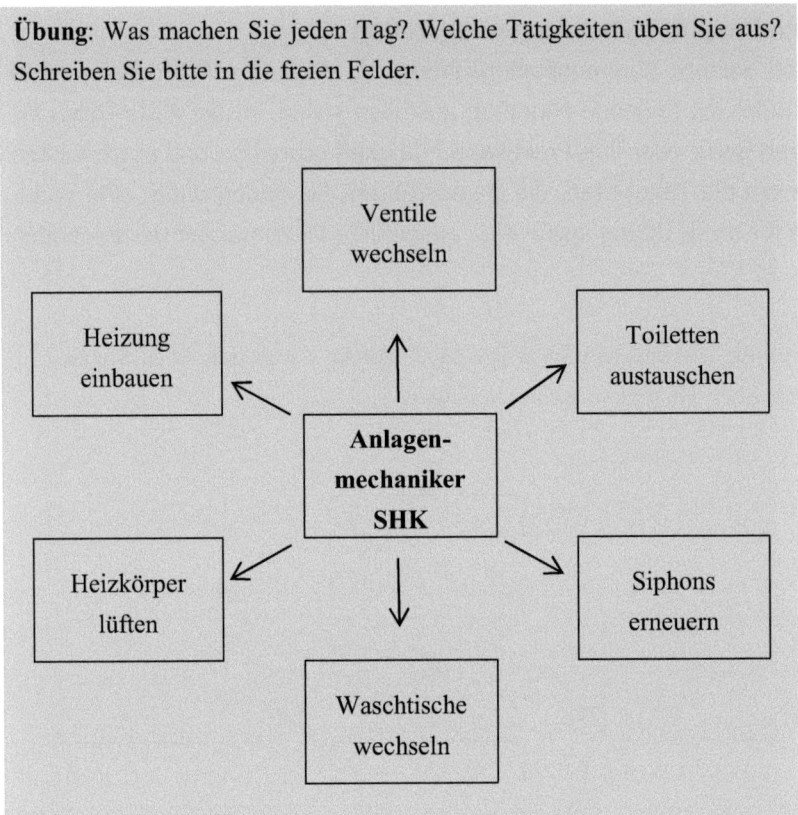

So kann eine Mindmap ausgefüllt werden, um einige Tätigkeiten eines Installateurs zu beschreiben.

Wenn Sie mit Schülerinnen und Schülern arbeiten, die schon über einige Deutschkenntnisse verfügen, dann können Sie gemeinsam einen Text aus der Mindmap formulieren. Meine Vorgehensweise: Erst beschreibt ein Schüler mit eigenen Worten seine Tätigkeit, dann schreiben wir gemeinsam den Text an die Tafel und anschließend wird der Text ins Heft geschrieben. Ich erfasse solche Texte immer auch mit dem Laptop und bringe einen Ausdruck in der kommenden Unterrichtsstunde mit, damit der Schüler eine fehlerfreie Version hat, denn Abschriebe von der Tafel sind nicht immer ohne Fehler.

Übung: Erzählen Sie über Ihren Beruf. Stellen Sie Ihre Ausbildung vor.

Anlagenmechaniker SHK:

Ich arbeite als Anlagenmechaniker SHK bei der Firma .... SHK ist eine Abkürzung und bedeutet Sanitär, Heizung und Klimatechnik. Ich bin dort Lehrling oder Auszubildender. In dem Betrieb arbeiten noch andere Lehrlinge. Ich bin im ersten Lehrjahr, der andere ist schon im vierten Lehrjahr. Unsere Firma arbeitet in allen Orten hier in der Nähe.
Meine Arbeit macht mir sehr Spaß. Bei meiner Arbeit mache ich viele verschiedene Dinge. Zum Beispiel wechseln wir Spülkästen von Toiletten oder Toilettenanlagen. Manchmal wechseln wir Waschtische, Siphons und Spülsiphons. Wir wechseln auch Ventile. Wenn sie schräg sind, dann heißen sie Schrägsitzventile.
Bei den Heizungen entlüften wir manchmal die Heizkörper. Manchmal tauschen wir bei Kunden die Heizkörper oder Thermostate aus. Wir überprüfen auch die Heizungen.
In manchen Häusern gibt es Fußbodenheizung. Ich habe schon einmal eine Fußbodenheizung gelegt und gespült. Das war spannend.

Beispiel für die Vorstellung der eigenen Ausbildung.

Eine weitere Übung können Sie mit der Idee aus Kapitel 2.2 entwickeln: Schülerinnen und Schüler machen während der Arbeit Fotos von Arbeitsgeräten, Hilfsmitteln oder Tätigkeiten. Solches Bildmaterial können sie auch für Beschreibungen des Arbeitsalltags nutzen.

3.3 Das Berichtsheft gemeinsam führen

Das Berichtsheft regelmäßig jede Woche zu führen, ist eine sehr gute Möglichkeit, den Fachwortschatz zu erarbeiten und zu wiederholen, das Schreiben zu üben und sich stets mit den aktuellen Ereignissen im jeweiligen Berufsalltag auseinanderzusetzen. Vor allem zu Beginn der Lehre ist es ein sehr hilfreiches Medium zum Spracherwerb. Zudem eignen sich die Themen im Berichtsheft immer wieder, um im Nachhilfeunterricht besprochen oder gelernt zu werden.

Wenn eine Schülerin im Zuge ihrer Ausbildung vier Wochen in einer Verkaufsfiliale eingesetzt wird, dann können Sie Wörter wie *„Putzmaschine"* (oft müssen die Azubis diese bedienen), *„Regalreihe"* oder *„Kasse"* lernen, doch auch entsprechende Formulierungen wie *„sich an der Kasse anstellen"*, *„mit der Putzmaschine durch die Gänge fahren"* und *„Fragen der Kunden beantworten"*. Auch können Sie mit den Schülerinnen und Schülern besprechen, wie sie sich gegenüber der Kundschaft verhalten sollen; zum einen prinzipiell, doch auch wenn ein Kunde eine Frage stellt oder sich unfreundlich verhält (habe ich leider oft gehört). Hier wird der Nachhilfeunterricht zur kleinen Lebenshilfe in einem fremden Land.

Manche Betriebe, die Geflüchtete als Praktikanten anstellen, lassen diese schon während der Praktika ein Berichtsheft führen. Dies halte ich für eine sehr gute Idee, da somit vom ersten Tag an Deutsch und die Fachsprache trainiert werden. Zudem lernen diese Praktikanten sehr schnell viel über den Betrieb, da sie gezwungen sind, sich neben der reinen beruflichen Tätigkeit mit der Arbeit, den Kollegen, den Räumlichkeiten usw. zu beschäftigen. Meiner Meinung nach spricht solch ein Vorgehen auch dafür, dass der Arbeitgeber an einem längerfristigen Beschäftigungsverhältnis interessiert ist und nicht nur Flüchtlinge als unbezahlte oder sehr gering entlohnte Praktikanten ausnutzt.

Eine weitere Beobachtung: Viele Ausbilder gewinnen schon alleine durch das regelmäßige Führen eines Berichtshefts einen guten Eindruck vom Auszubildenden.

Ausbildungsnachweis Nr. *Firmenname*

Angaben zur Ausbildung

Name, Vorname   Abteilung:
                                  Ausbildungsjahr:
Woche:

Tätigkeiten im Ausbildungsbetrieb

Berufsschule: Unterrichtsstoff

Interne Schulungen: Themen und Inhalte

Bemerkungen

Auszubildender   Ausbilder

Für die Richtigkeit

_____   _____
Unterschrift Auszubildender   Unterschrift Ausbilder

_____   _____
Datum   Datum

In Berichtsheften dokumentieren Auszubildende ihre Tätigkeiten.

3.4 Themen aus der Berufsschule unterrichten

Ein absolutes Muss des ehrenamtlichen Nachhilfeunterrichts für Geflüchtete in Ausbildung ist der Bezug zur Berufsschule und den dort gelehrten Fächern. Sie sollten im Ehrenamtsunterricht keine anderen Themen bearbeiten als die Lehrkräfte in der Berufsschule. Beispielsweise ergibt es keinen Sinn mit einem DaF-Lehrbuch Themen wie *„Einkaufen im Kaufhaus"* zu erarbeiten, wenn ein Berufsschüler im Fach Lagerlogistik die verschiedenen Regalarten samt deren Vor- und Nachteile oder eine angehende Bäckerin unterschiedliche Gärungsprozesse lernen soll. Für Sie als ehrenamtlich Lehrende bedeutet dies: Sie müssen Ihren Unterricht an die Erfordernisse der Ausbildung und an die Themen sowie das Unterrichtsmaterial der Berufsschule anpassen.

Wer bereits Monate oder Jahre mit Geflüchteten Deutsch gelernt hat, muss sich somit umstellen, wenn diese nun eine Ausbildung beginnen. Die Unterrichtenden müssen die DaF-Bücher ersetzen durch Berufsschulbücher und durch selbst entwickelte Lernmaterialien.

Wenn Sie dies nicht tun, dann werden Sie wohl über kurz oder lang Ihren Ehrenamtsunterricht beenden müssen. Ich habe es einige Male erlebt, dass an sich fleißige Schüler nach Beginn ihrer Ausbildung dem Ehrenamtsunterricht fern geblieben sind, da die Unterrichtenden wie die Monate zuvor ausschließlich Deutsch unterrichten wollten und die Themen der Berufsschule ignorierten.

Die geschilderte Veränderung ist nicht einfach und erfordert von den Ehrenamtlichen ein großes Engagement, auch in zeitlicher Hinsicht. Sie hierbei zu unterstützen – das ist die Idee dieses Buchs. Wenn Sie zu dieser Veränderung nicht in der Lage sind, dann bietet Ihnen vielleicht das nächste Unterkapitel eine Idee, wie Sie trotzdem Ihre Schülerinnen und Schüler unterstützen können.

3.5 Bedürfnisse wandeln sich – seien Sie flexibel

Wie im Kapitel 3.4 beschrieben, benötigen Ihre Schülerinnen und Schüler einen anderen Nachhilfeunterricht, sobald sie die Berufsschule besuchen. Berufsbezogene Themen sollten Sie lehren und nicht mehr ausschließlich allgemeine DaF-Lerneinheiten und Grammatiktrainings anbieten. Dies gilt auch bereits für jene Schülerinnen und Schüler, die ein Praktikum absolvieren, eine Helfertätigkeit ausüben oder sich auf dem Weg zu einer Ausbildung befinden.

Wenn Sie selbst nicht in der Lage sind, diese Änderung mitzugehen, Ihre Schülerinnen und Schüler aber gerne weiterhin unterstützen wollen, dann ist eine Möglichkeit, sich nach Alternativen umzusehen. Sie können im örtlichen Ehrenamtskreis, bei Bekannten oder an den örtlichen Schulen sowie Berufsschulen nachfragen, ob es dort Ehrenamtliche gibt, die sich zutrauen zum Beispiel Gemeinschaftskunde, Fachrechnen oder Wirtschaftskunde zu unterrichten. Für falsch halte ich es, wenn Ehrenamtliche ihren Unterricht wie bisher fortführen, auch wenn er nicht mehr den Bedürfnissen der Schülerinnen und Schüler entspricht, oder gar beleidigt und gekränkt sind, da ihre Unterstützung nicht mehr (so stark) gebraucht wird.

Der eigene Unterricht ist nicht immer gefragt

Ich habe beispielsweise über zwei Jahre lang mit einem jungen Gambier gelernt, der in einem Elektrofachbetrieb erst ein Praktikum absolvierte und dann eine Helferstelle hatte. Aber nach dem Beginn seiner Ausbildung machte er deutlich, dass er unbedingt Unterstützung in Elektronik und Elektrotechnik benötigt.

Da es mir unmöglich war, mich in diese Fachgebiete einzuarbeiten, war ich sehr froh, als ich schließlich eine andere Hilfe fand. Ein studierter Ingenieur sowie ein professioneller Bildungsanbieter (eine abh-Maßnahme der Agentur für Arbeit) gaben dem Auszubildenden fortan zweimal in der Woche in diesen Spezialfächern Nachhilfe. Mein eigener Unterricht war für ihn nicht mehr so intensiv nötigt, sodass wir seitdem nur noch einmal die Woche Wirtschaft, Gemeinschaftskunde und Deutsch lernten. Kurz vor Klassenarbeiten bat er mich aber immer wieder um zusätzliche Nachhilfestunden.

Nutzen Sie andere Lernangebote

Wie geschildet können Sie abh-Maßnahmen suchen. Diese Ausbildungsbegleitenden Hilfen nach §§ 75 ff SGB III werden von professionellen Anbietern durchgeführt und von der Agentur für Arbeit bezahlt.

In großen Unternehmen können Sie auch nachfragen, ob es eine Möglichkeit für Nachhilfe und zusätzlichen Unterricht gibt. Einige Konzerne haben die Förderung ihrer Azubis in die eigene Hand genommen und verlassen sich nicht alleine auf die staatlichen Schulen. Manchmal bieten auch Berufsschulen zusätzlichen Unterricht für schwache Schülerinnen und Schüler an, zum Beispiel Deutschförderkurse.

3.6 DaF-Bücher und andere Lernmaterialien

Es gibt zahlreiche Lernmaterialien, die Sie für Ihren Nachhilfeunterricht nutzen können. Bei Berufsschülern sollten Sie sich immer die einschlägige Literatur (Bücher und Handouts) besorgen und – wenn Verlage dies anbieten – auch die Lösungsbücher dazu. Dann haben Sie eine gute Basis für Ihre Nachhilfe.

Ich rate davon ab, ausschließlich mit DaF-Büchern zum Berufsleben zu arbeiten. Diese sind ohne Frage didaktisch gut aufbereitet und von professionellen Redaktionen konzipiert. Es spricht auch nichts dagegen, bei aktuell zu lernenden Inhalten auf diese Bücher zurückzugreifen, um den Wortschatz zu erarbeiten. Wenn in der Berufsschule beispielsweise das Thema *„Gewerkschaften und Tarifverträge"* behandelt wird, kann man in DaF-Büchern durchaus schauen, ob es hierzu Einheiten gibt. In den vergangenen Jahren haben einige Verlage Lernmaterialien rund um das Thema *„Deutsch im Beruf"* herausgegeben; vereinzelt gibt es sogar DaF-Bücher zu einzelnen Berufen.

Allgemeine berufliche Themen sind oft nicht hilfreich

Zumeist aber behandeln diese Bücher allgemeine Themen (zum Beispiel *„sich krank melden", „die Gehaltsabrechnung"* oder *„Kommunikation im Betrieb"*). Diese sind zwar sehr wichtig und eignen sich darum für den Nachhilfeunterricht mit Praktikanten oder Helfern, aber sie bilden nicht exakt die Themen des Berufsschulunterrichts ab.

Einige Fachverlage geben auch prüfungsvorbereitende Unterlagen heraus, die sich an den Zwischen- oder Abschlussprüfungen der vergangenen Jahre orientieren und stets mit einem Lösungsteil versehen sind. Diese Bücher, Broschüren, Lernkarteien oder Online-Angebote sind sehr gut geeignet, um Ihre Schülerinnen und Schüler sowohl inhaltlich als auch methodisch auf Prüfungen vorzubereiten.

Fundgrube Internet

Viele verschiedene Lernmaterialien finden Sie mittels Suchanfrage im Internet. Teilweise sind dies kostenlose Downloads, vor allem wenn sie von Privatpersonen oder Verbänden angeboten werden. Sie beschreiben kurz und verständlich einzelne Themen und bieten auch veranschaulichende Grafiken für die zentralen Fachthemen. Für Gemeinschaftskundethemen können Sie auch bei der Bundeszentrale für politische Bildung stöbern und bei Finanzthemen bieten manche Banken (aber Achtung vor Werbung) anschauliches Informationsmaterial an.

Nicht vergessen sollten Sie, zu einzelnen Themen auch bei Youtube zu recherchieren. Sowohl Unternehmen (da besteht jedoch immer eine große Nähe zur Produktwerbung) als auch Privatpersonen oder Schulen und Verbände stellen immer wieder Erklärvideos, Produktfilme und animierte Grafiken online, beispielsweise über Arbeitsgeräte und Produkte, Mehlsorten oder Baumaterialien, Gabelstapler und Kabel, Reparaturen oder Installationen, doch auch zu Prozessen in Unternehmen und auf Baustellen. Viele von diesen sind durchaus informativ und aufgrund des hohen Bildanteils für Deutschlernende eine gute Lernergänzung.

4. Weitere Beispiele für Übungen

Wie können Sie mit Praktikanten, Helfern oder Azubis lernen? Einige selbst entwickelte Übungen und Unterrichtsmaterialien stelle ich Ihnen – ergänzend zu den zuvor gezeigten Beispielen – in diesem Kapitel exemplarisch vor.

4.1 Den Fachwortschatz vermitteln und trainieren

Einige Übungen, wie Sie den Fachwortschatz vermitteln und die neuen Wörter trainieren könne, haben Sie bereits in Kapitel 2 und 3 kennengelernt, weitere folgen nun.

Fotos und Abbildungen

Wie in Kapitel 2.2 beschrieben, eignen sich Fotos und Bilder aus Werbekatalogen, von Firmen- und Verbandwebsites sowie selbst gemachte Fotos aus den Betrieben oder von der täglichen Arbeit hervorragend, um neue Wörter und Fachbegriffe einzuführen und diese Vokabeln zu lernen.

Wörter aus dem Berufsalltag und aus dem Betrieb

Bei den folgenden Wortschatzübungen sollen sich die Schülerinnen und Schüler aktiv mit ihrem Betrieb auseinandersetzen und kennengelernte Materialien, Arbeitsgeräte und Prozesse benennen lernen. Die mehrfache Beschäftigung mit den Wörtern erlaubt ein Wiederholen der Vokabeln.

Übung 1: Nennen Sie drei Wörter aus Ihrer Arbeit, zum Beispiel *Säge, Werkstatt* oder *Chef.*

Diese Begriffe werden an die Tafel geschrieben und mehrfach gemeinsam gelesen. Ferner wird ihre Bedeutung gelernt.

Übung 2: Nehmen Sie sich eine Karte. Lesen Sie das Wort vor und erklären Sie es oder bilden Sie einen Satz mit dem Wort. Gemeinsam wollen wir Ihre Erklärungen und Sätze aufschreiben.

Für diese Übung habe ich die Wörter aus Übung 1 auf kleine Karten geschrieben. Diese bringe ich in der Folgestunde mit. Die Schülerinnen oder Schüler sollen jeweils eine Karte ziehen, den Begriff zunächst lesen und dann entweder erklären oder einen Satz mit ihm bilden. Ich erfasse ihre Äußerungen an der Tafel, korrigiere sie und bespreche die Fehler. Anschließend schreiben die Schülerinnen und Schüler die Sätze ab.

Übung 3: Lassen Sie uns die geschriebenen Sätze noch einmal lesen.

Vor allem mit neuen oder sprachlich noch am Anfang stehenden Schülerinnen und Schülern mache ich gerne auch die dritte Übung. Sie lesen erst mit mir gemeinsam und dann allein die geschriebenen Sätze. Falls es nötig ist, korrigiere ich die Aussprache.

Diese Wortschatzübungen bauen aufeinander auf und eignen sich für das Wiederholen von Fachwörtern.

Kreuzworträtsel

Sind Wörter bereits eingeführt, trainiere ich diese gerne mit einem Kreuzworträtsel. Gleich beim ersten Mal habe ich mit Überraschung festgestellt, wie viel Spaß und Ausdauer meine Schüler bei dieser Übung an den Tag gelegt haben.

Übung: Finden Sie die Wörter und markieren Sie diese farbig in dem Kreuzworträtsel.

Säge Hammer Metallbauer Maler Gärtner Leiter Pinsel
Farbe Feile Eimer Handwerker Zange Werkzeugkoffer
Nagel Wasserwaage Spachtel Kabel Metermaß

```
S Ä G E B P 0 B T B H P B T F E I L E B H
B T Ä H 0 H B D Z B G F G Z A F T H I P G
H Z R G M A L E R W F B F W R T Z G M B F
J 0 T F W M H V K Q K H W Q B Z F F E P T
0 H N 0 Q M E T A L L B A U E R H F R B Z
T G E T K E V S X E H K S H W K G V K P K
Z F R Z W R W X Ö I G P S G Q N F Q D B G
S X W H Q K Q Z K T F K E F K A H K B S H
T F Q G Ö P I N S E L U R W J G G S X P V
Z T Z F W D G H B R H H W Q F E F L K A H
F Z A V Q X B N N M G K A B E L K W K C K
H A N D W E R K E R F X A T W T V Q X H T
B P G W T W X Z P B B B G Z Q Z H H H T Z
H D E Q Z Q V W E R K Z E U G K O F F E R
J Z Z M E T E R M A ß B N N M B N N M L P
```

In diesem Kreuzworträtsel sind Fachbegriffe versteckt, die es zu finden gilt.

– Lösung –

Übung: Finden Sie die Wörter und markieren Sie diese farbig in dem Kreuzworträtsel.

Säge Hammer Metallbauer Maler Gärtner Leiter Pinsel
Farbe Feile Eimer Handwerker Zange Werkzeugkoffer
Nagel Wasserwaage Spachtel Kabel Metermaß

```
S Ä G E                         F E I L E
  Ä     H                       A       I
  R   M A L E R                 R       M
  T     M             W         B       E
  N     M E T A L L B A U E R           R
  E     E         E   S
  R     R         I   S         N
                  T   E         A           S
        P I N S E L   R         G           P
  Z             R     W         E           A
  A                   K A B E L             C
H A N D W E R K E R   A                     H
  G                   G                     T
  E             W E R K Z E U G K O F F E R
    M E T E R M A ß                         L
```

In dieser Lösung des Kreuzworträtsels können Schülerinnen und Schüler sehen, ob sie alle Wörter gefunden haben.

Wortschlange

Dies ist eine weitere Übung für das Wortschatztraining, mit der Sie zugleich die Schreibweise der Wörter und den Satzbau trainieren können. Nehmen Sie hierfür einen kurzen Text, am besten zum Thema der Stunde davor oder zu einem Thema, das Sie für den Berufsschulunterricht ohnehin besprechen wollen. Entfernen Sie alle Leerzeichen und Satzzeichen und schreiben Sie alle Wörter in Großbuchstaben.

Im folgenden Beispiel finden Sie einen selbst verfassten Text zum Thema „*Duale Ausbildung*", das ein Schüler für das Fach Wirtschaft lernen musste. Wie diese Übung zeigt, lassen sich die Vermittlung von Inhalten und das Training der deutschen Sprache gut miteinander verbinden.

Übung: Bitte markieren Sie das Ende der Wörter. Setzen Sie am Ende eines Satzes auch Punkte. Lassen Sie uns danach den Text lesen.

Duale Ausbildung in Deutschland

HANDWERKERUNDHANDWERKERINNE
NMACHENINDEUTSCHLANDEINEAUSBIL
DUNGSIEHEIßENAUSZUBILDENDEODER
AZUBISFRÜHERHIEßENSIELEHRLINGEDIE
AUSBILDUNGHEIßTLEHREODERDUALEAU
SBILDUNGDIEAUSBILDUNGDAUERTOFT
DREIJAHREINDIESERZEITVERDIENENDIE
JUNGENMENSCHENGELDDIEAUSZUBIL
DENDENGEHENINDIESCHULE(INDIEBE
RUFSSCHULE)UNDARBEITENIMBETRIEB
AMENDEDERAUSBILDUNGMÜSSENSIE
MEHREREPRÜFUNGENMACHENSIE
MACHENEINEPRAKTISCHEPRÜFUNGUND
EINETHEORETISCHEPRÜFUNG

In dieser Wortschlange sind viele Wörter und mehrere Sätze enthalten.

Übung: Bitte markieren Sie das Ende der Wörter. Setzen Sie am Ende eines Satzes auch Punkte. Lassen Sie uns danach den Text lesen.

Duale Ausbildung in Deutschland

Handwerker und Handwerkerinnen machen in Deutschland eine Ausbildung. Sie heißen Auszubildende oder Azubis. Früher hießen sie Lehrlinge. Die Ausbildung heißt Lehre oder duale Ausbildung. Die Ausbildung dauert oft drei Jahre. In dieser Zeit verdienen die jungen Menschen Geld. Die Auszubildenden gehen in die Schule (in die Berufsschule) und arbeiten im Betrieb. Am Ende der Ausbildung müssen sie mehrere Prüfungen machen. Sie machen eine praktische Prüfung und eine theoretische Prüfung.

Die Lösung zu der Übung mit der Satzschlange.

Fehlende Wörter ergänzen

Bei fast allen Themen des Berufsschulunterrichts mache ich als erste Übung, dass der Schüler oder die Schülerin einen bearbeiteten Text erneut erhält und einzelne Wörter in die Lücken der Sätze einfügen soll.

Dies ist ein gutes Wortschatztraining. Außerdem erkennen Sie sofort, welche Wörter noch nicht bekannt sind oder wieder vergessen wurden. Ferner dient diese Übung der inhaltlichen Wiederholung eines erst einmalig besprochenen Fachinhalts.

Übung: Bitte lesen Sie die Sätze und ergänzen Sie die fehlenden Wörter.

leer   *Akku-Bohrmaschine*   *Handys*   *Strom*
Stunden   *Akku*   *USB-Anschluss*

1   *Es gibt Bohrmaschinen, die mit _____ arbeiten und ein Kabel*
     haben, und es gibt Bohrmaschinen mit einem Akku.

2   *Eine _____ braucht kein Kabel. Die Bohr-*
     maschine bekommt den Strom nicht aus der Steckdose, sondern aus
     dem Akku.

3   *Der _____ ist eine Batterie, die Strom speichern kann.*

4   *Viele Geräte haben einen Akku, zum Beispiel _____*
     oder Bohrmaschinen.

5   *Wenn der Akku der Akku-Bohrmaschine _____ ist, dann*
     muss der Handwerker den Akku an der Steckdose aufladen.

6   *Der Handwerker braucht ein Ladegerät mit Kabel und_____*
     _____ , um den Akku zu laden.

Wortschatztraining: Fehlende Wörter in Sätzen mit Lücken ergänzen.

– Lösung –

Übung: Bitte lesen Sie die Sätze und ergänzen Sie die fehlenden Wörter.

leer   Akku-Bohrmaschine   Handys   Strom
Stunden   Akku   USB-Anschluss

1   Es gibt Bohrmaschinen, die mit __Strom__ arbeiten und ein Kabel haben, und es gibt Bohrmaschinen mit einem Akku.

2   Eine __Akku-Bohrmaschine__ braucht kein Kabel. Die Bohrmaschine bekommt den Strom nicht aus der Steckdose, sondern aus dem Akku.

3   Der __Akku__ ist eine Batterie, die Strom speichern kann.

4   Viele Geräte haben einen Akku, zum Beispiel __Handys__ oder Bohrmaschinen.

5   Wenn der Akku der Akku-Bohrmaschine __leer__ ist, dann muss der Handwerker den Akku an der Steckdose aufladen.

6   Der Handwerker braucht ein Ladegerät mit Kabel und __USB-Anschluss__, um den Akku zu laden.

Lösung der Übung, fehlende Wörter in Sätze einzufügen.

Die Lösung sollten Sie den Schülerinnen und Schülern nach der Übung verteilen, damit sie alle Sätze und Wörter in der korrekten Schreibweise besitzen. Die Hausaufgabe sollte sein, die Lösungssätze der Übung mehrfach zu lesen.

Wortschatz erweitern

Wenn die Deutschkenntnisse Ihrer Schülerinnen und Schüler schon fortgeschritten sind, dann sollten Sie mit ihnen auch das Verstehen oder Finden synonymer Wörter trainieren. Diese bedeutungsähnlichen Wörter werden oft in schulischen Texten verwendet, um eine stilistische Abwechslung zu erreichen, doch auch um das Wissen abzufragen. Für Deutschlernende stellen sie ein großes Problem dar.

Bei diesem Wortschatztraining fange ich zunächst mit Substantiven an, die im Berufsalltag von Auszubildenden und Helfern häufig vorkommen. Zu einem späteren Zeitpunkt trainiere ich, verschiedene Verben zu verwenden. Entweder lasse ich die Schülerinnen und Schüler die Wörter selbst nennen oder Umschreibungen aus einem Text erfassen oder ich teile Listen zum Auswendiglernen aus.

Wort	ähnliche oder gleiche Wörter
der Lohn	das Geld, das Gehalt, die Bezahlung, der Lohn
der Betrieb	das Unternehmen, die Firma
der Beruf	die Arbeit, die Tätigkeit
der Chef	der Vorgesetzte, der Ausbildungsleiter

Synonyme Substantive sollten Sie immer wieder trainieren.

Wort	ähnliche oder gleiche Wörter
Ware transportieren	Ware befördern, Waren von A nach B fahren
etwas bauen	etwas anfertigen, etwas herstellen
einen Kredit bezahlen	einen Kredit tilgen, Zinsen bezahlen
reklamieren	beanstanden, sich beschweren

Synonyme Verben zu kennen ist wichtig für den Berufsschulunterricht.

4.2 Grammatiktraining für den Beruf

Auch wenn Sie Nachhilfe für die Berufsschule und Sprachtraining für den Beruf anbieten, können Sie die Grammatik nicht ignorieren. Denn sie bildet das Regelwerk für korrekte Sätze und Texte. Einige Übungen stelle ich Ihnen darum auf den folgenden Seiten vor.

Der bestimmte Artikel

Der, die oder *das* – viele Ausländerinnen und Ausländer verzweifeln am deutschen Artikel. Deswegen kann man ihn nicht oft genug üben. Mit einer Übung wie der folgenden ist dies leicht und immer wieder möglich. Wörter eines Themas werden in einer Liste erfasst. Die Schülerinnen und Schüler sollen den richtigen Artikel ergänzen. Bitte geben Sie immer wieder den folgenden Tipp weiter: Ein Substantiv sollte man nie alleine lernen, sondern immer zusammen mit dem Artikel. Wer sich dieses Lernprinzip zu Eigen gemacht hat, wird schon bald viel sicherer im Umgang mit den deutschen Artikeln sein.

Übung: Schreiben Sie zu den Wörtern den richtigen Artikel – und lernen Sie diese zu Hause auswendig.

.... *Säge*	.... *Eimer*
.... *Hammer*	.... *Handwerker*
.... *Metallbauer*	.... *Zange*
.... *Malerin*	.... *Werkzeugkoffer*
.... *Gärtner*	.... *Wasserwaage*
.... *Leiter*	.... *Kabel*
.... *Pinsel*	.... *Metermaß*
.... *Farbe*	.... *Nagel*
.... *Feile*	.... *Schraube*

Übungen zum richtigen Artikel können Sie nicht oft genug machen.

– Lösung –

Übung: Schreiben Sie zu den Wörtern den richtigen Artikel – und lernen Sie diese zu Hause auswendig.

die Säge	*der Eimer*
der Hammer	*der Handwerker*
der Metallbauer	*die Zange*
die Malerin	*der Werkzeugkoffer*
der Gärtner	*die Wasserwaage*
die Leiter	*das Kabel*
der Pinsel	*das Metermaß*
die Farbe	*der Nagel*
die Feile	*die Schraube*

Lösung zur Artikelübung.

Übungen zum Possessivpronomen

Nachdem die Schülerinnen und Schüler die Theorie zum Possessivpronomen gehört haben, sollten Sie erste Übungen aus einem DaF-Buch mit ihnen machen. Anschließend bietet es sich an, diese Übung in deren berufliches Umfeld zu überführen. Wie Sie dies beispielsweise machen können, sehen Sie auf den folgenden Seiten.

Übung 1: Bitte ergänzen Sie das richtige Possessivpronomen. Zeigen Sie, wem etwas gehört.

1 *Diese Feilen gehören der Firma. Es sind ……… Feilen.*
2 *Diese Bohrmaschine gehört Fred. Es ist ……… Bohrmaschine.*
3 *Der Hammer gehört Thomas. Das ist ……… Hammer.*
4 *Der Pinsel gehört Sabine. Das ist ……… Pinsel.*
5 *Das Kabel gehört den Azubis. Das ist ………… Kabel.*
6 *Der Spaten gehört der Gärtnerin. Das ist ……… Spaten.*
7 *Das Rohr gehört dem Installateur. Das ist ……… Rohr.*

Übung 2: Bitte erzählen Sie uns, was sie besitzen. Bitte verbinden Sie den Gegenstand mit dem richtigen Possessivpronomen.

Beispiel: Ich besitze eine Arbeitshose. Das ist <u>meine </u>Arbeitshose.

Übung 3: Bitte ergänzen Sie die richtigen Possessivpronomen.

Peter steht jeden Morgen früh auf. Er hat einen langen Weg zur Arbeit. Mit ……… Fahrrad fährt er zum Bahnhof. In der Firma zieht er sich um. Er zieht ……… Arbeitshose und ………… Sicherheitsschuhe an. ………… Kollegen machen es genauso. Sie ziehen ……… Arbeitshosen und ………… Sicherheitsschuhe an. Dann geht er in die Werkhalle zu ………… Werkbank. Dort liegt ……… Werkzeug; ……… Feilen, ……… Hammer, ……… Bohrmaschine, ……… Metermaß und vieles mehr. Dann arbeitet er und erledigt alle ……… Aufgaben. Um 12 Uhr ist Mittagspause und Peter isst ……… Brot und trinkt ……… Tee. Abends fährt er mit ……… Fahrrad wieder zum Bahnhof und mit dem Zug nach Hause. In ……… Zimmer legt er sich in ……… Bett.

Schreibübung: Schreiben Sie den Text als Hausaufgabe bitte ab.

Übungen zum Possessivpronomen mit Fachwortschatz und mit Bezug zum beruflichen Alltag.

– Lösung –

Übung 1: Bitte ergänzen Sie das richtige Possessivpronomen. Zeigen Sie, wem etwas gehört.

1   Diese Feilen gehören der Firma. Es sind <u>ihre</u> Feilen.
2   Diese Bohrmaschine gehört Fred. Es ist <u>seine</u> Bohrmaschine.
3   Der Hammer gehört Thomas. Das ist <u>sein</u> Hammer.
4   Der Pinsel gehört Sabine. Das ist <u>ihr</u> Pinsel.
5   Das Kabel gehört den Azubis. Das ist <u>ihr</u> Kabel.
6   Der Spaten gehört der Gärtnerin. Das ist <u>ihr</u> Spaten.
7   Das Rohr gehört dem Installateur. Das ist <u>sein</u> Rohr.

Übung 2: Bitte erzählen Sie uns, was sie besitzen. Bitte verbinden Sie den Gegenstand mit dem richtigen Possessivpronomen.

Beispiel: Ich besitze eine Arbeitshose. Das ist <u>meine</u> Arbeitshose.

Übung 3: Bitte ergänzen Sie die richtigen Possessivpronomen.

Peter steht jeden Morgen früh auf. Er hat einen langen Weg zur Arbeit. Mit <u>seinem</u> Fahrrad fährt er zum Bahnhof. In der Firma zieht er sich um. Er zieht <u>seine</u> Arbeitshose und <u>seine</u> Sicherheitsschuhe an. Seine Kollegen machen es genauso. Sie ziehen <u>ihre</u> Arbeitshosen und <u>ihre</u> Sicherheitsschuhe an. Dann geht er in die Werkhalle zu <u>seiner</u> Werkbank. Dort liegt <u>sein</u> Werkzeug; <u>seine</u> Feilen, <u>sein</u> Hammer, <u>seine</u> Bohrmaschine, <u>sein</u> Metermaß und vieles mehr. Dann arbeitet er und erledigt alle <u>seine</u> Aufgaben.
Um 12 Uhr ist Mittagspause und Peter isst <u>sein</u> Brot und trinkt <u>seinen</u> Tee. Abends fährt er mit <u>seinem</u> Fahrrad wieder zum Bahnhof und mit dem Zug nach Hause. In <u>seinem</u> Zimmer legt er sich in <u>sein</u> Bett.

Schreibübung: Schreiben Sie den Text als Hausaufgabe bitte ab.

Lösungen zu den Übungen zum Possessivpronomen.

Singular und Plural trainieren

Übungen zum Singular und Plural können Sie in einem frühen Stadium in Ihren Unterricht einbauen – und gerne bei verschiedenen Themen wiederholen. Denn hierbei trainieren die Schülerinnen und Schüler stets auch den Artikel, der ja bekanntlich sehr schwer zu erlernen ist, und neue Fachwörter lassen sich auch bestens wiederholen.

Übung: Bitte markieren Sie in den Sätzen in der linken Spalte den Singular der Wörter. Schreiben Sie dann die Sätze in der rechten Spalte um und verwenden Sie den Plural.

Singular	**Plural**
Der Handwerker arbeitet mit einer Akku-Bohrmaschine. Er braucht kein Kabel.	
Der Elektriker arbeitet oft mit einer Akku-Bohrmaschine. Er bohrt ein Loch in die Wand, zum Beispiel um eine Steckdose zu montieren.	
Der Kfz-Mechaniker repariert ein Auto. Manchmal muss er ein Loch bohren.	
Der Metallbauer bohrt ein Loch in die Wand, um ein Geländer zu befestigen.	
Der Schlosser repariert eine Maschine. Er muss ein Loch bohren, um eine Maschine zu reparieren.	

Übung zum Singular und Plural: Die Sätze stammen alle von Schülern. Gemeinsam haben wir diese in der Stunde zuvor verfasst.

– Lösung –

Übung: Bitte markieren Sie in den Sätzen in der linken Spalte den Singular der Wörter. Schreiben Sie dann die Sätze in der rechten Spalte um und verwenden Sie den Plural.

Singular	*Plural*
Der Handwerker arbeitet mit einer Akku-Bohrmaschine. Er braucht kein Kabel.	*Viele Handwerker arbeiten mit Akku-Bohrmaschinen. Sie brauchen keine Kabel.*
Der Elektriker arbeitet oft mit einer Akku-Bohrmaschine. Er bohrt ein Loch in die Wand, zum Beispiel um eine Steckdose zu montieren.	*Die Elektriker arbeiten oft mit Akku-Bohrmaschinen. Sie bohren Löcher in die Wände, zum Beispiel um Steckdosen zu montieren.*
Der Kfz-Mechaniker repariert ein Auto. Manchmal muss er ein Loch bohren.	*Die Kfz-Mechaniker reparieren Autos. Manchmal müssen sie Löcher bohren.*
Der Metallbauer bohrt ein Loch in die Wand, um ein Geländer zu befestigen.	*Die Metallbauer bohren Löcher in Wände, um Geländer zu befestigen.*
Der Schlosser repariert eine Maschine. Er muss ein Loch bohren, um eine Maschine zu reparieren.	*Die Schlosser reparieren Maschinen. Sie müssen Löcher bohren, um Maschinen zu reparieren.*

Lösung für eine Übung zum Singular und Plural.

Wortarten kennenlernen

Die verschiedenen Wortarten zu kennen ist wichtig, um korrekte Sätze zu bilden. Doch vielen Schülerinnen und Schülern meines Nachhilfeunterrichts fällt es schwer, dieses Thema zu begreifen und zu lernen. Ein wenig hilft dabei, die deutschen Grammatikbegriffe zu verwenden, die teilweise selbst erklärend sind, wie etwa die Bezeichnung „*Tunwort*" für „*Verb*". Auch Übersetzungen in die jeweilige Muttersprache können hilfreich sein. Bei den Übungen fange ich zumeist mit einer Wortart an. Am einfachsten ist die Wortart Substantiv (Hauptwort), unter anderem weil sie im DaF-Unterricht sehr früh gelehrt wird.

Übung 1: Bitte markieren Sie die verschiedenen Wortarten.

Substantive / Hauptwörter: *Elektroniker.* *Punkte unter die Wörter.*
Verben / Tunwörter: *laufen, messen* *unterstreichen*

1 Das Tätigkeitsfeld des Elektronikers umfasst viele verschiedene Aufgaben.

2 Der Elektriker verlegt Kabel, installiert Klingelanlagen und klopft Schlitze für Kabel.

3 Elektriker beachten viele Vorschriften und Normen, zum Beispiel die DIN-Normen.

4 Der Elektroniker übernimmt nicht nur die Neuerstellung von elektronischen Anlagen, sondern auch die Instandhaltung, Wartung, Reparatur und Prüfung von alten Anlagen.

Übung 2: Bitte schreiben Sie die Sätze korrekt ab. Das hilft Ihnen, die Wörter und den Satzbau zu lernen.

In Sätzen zum eigenen Beruf sollen Schülerinnen und Schüler verschiedene Wortarten markieren.

– Lösung –

Übung 1: Bitte markieren Sie die verschiedenen Wortarten.

Substantive / Hauptwörter:	*Elektroniker*	*Punkte unter die Wörter*
Verben / Tunwörter:	*laufen, messen*	*unterstreichen*

1   Das Tätigkeitsfeld des Elektronikers umfasst viele verschiedene Aufgaben.

2   Der Elektriker verlegt Kabel, installiert Klingelanlagen und klopft Schlitze für Kabel.

3   Elektriker beachten viele Vorschriften und Normen, zum Beispiel die DIN-Normen.

4   Der Elektroniker übernimmt nicht nur die Neuerstellung von elektronischen Anlagen, sondern auch die Instandhaltung, Wartung, Reparatur und Prüfung von alten Anlagen.

Übung 2: Bitte schreiben Sie die Sätze korrekt ab. Das hilft Ihnen, die Wörter und den Satzbau zu lernen.

Lösung für eine Grammatikübung.

Die richtige Reihenfolge der Wörter im Satz

Der korrekte Satzbau ist ein sehr komplexes Grammatikthema. Da es in meinem Nachhilfeunterricht vor allem um berufsbezogenen bzw. berufsschulbezogenen Unterricht geht und die Zeit stets sehr knapp ist, übe ich mit den Schülerinnen und Schülern die Bildung von Sätzen in verschiedenen Einheiten und Übungen, mache aber hierzu (wie auch zu anderen Themen der deutschen Grammatik) keine grundlegende oder umfassende Theorievermittlung.

Übung: Bitte verbinden Sie die richtigen Satzteile miteinander.

1	*Der Gärtner*	*a.*	*baut Terrassen.*
2	*Der Landschaftsgärtner*	*b.*	*backt Brötchen und Brote.*
3	*Der Bäcker*	*c.*	*arbeitet mit Steinen.*
4	*Der Metallbauer*	*d.*	*schneidet Bäume und Hecken.*
5	*Der KFZ-Mechaniker*	*e.*	*baut Geländer für Balkone.*
6	*Der Maler*	*f.*	*repariert Autos.*
7	*Der Maurer*	*g.*	*arbeitet mit Pinsel und Farbe.*

Zu vielen Themen bietet sich diese Übung an, in der die Schülerinnen und Schüler Satzteile miteinander kombinieren müssen.

– **Lösung** –

Übung: Bitte verbinden Sie die richtigen Satzteile miteinander.

1	*Der Gärtner* **d**	*a.*	*baut Terrassen.*
2	*Der Landschaftsgärtner* **a**	*b.*	*backt Brötchen und Brote.*
3	*Der Bäcker* **b**	*c.*	*arbeitet mit Steinen.*
4	*Der Metallbauer* **e**	*d.*	*schneidet Bäume und Hecken.*
5	*Der KFZ-Mechaniker* **f**	*e.*	*baut Geländer für Balkone.*
6	*Der Maler* **g**	*f.*	*repariert Autos.*
7	*Der Maurer* **c**	*g.*	*arbeitet mit Pinsel und Farbe.*

Lösung der Zuordnung von verschiedenen Satzteilen. Die Sätze haben Schülerinnen und Schüler selbst gebildet.

Bevor Ihre Schülerinnen und Schüler Sätze korrekt schreiben, wird einige Zeit vergehen. Sehr hilfreich auf dem Weg dorthin sind Übungen mit richtigen und falschen Sätzen, aus denen sie die jeweils richtige Variante auswählen sollen.

Übung: In welchen Sätzen stimmt die Reihenfolge der Wörter? Bitte kreuzen Sie diese an.

☐ *Die Arbeitslosenversicherung ist ein Schutz für Arbeitnehmer.*
☐ *Die Arbeitslosenversicherung ein Schutz für Arbeitnehmer ist.*

☐ *Wegen der Arbeitslosenversicherung bekommt ein Arbeitnehmer Geld, wenn er arbeitslos ist.*
☐ *Wegen der Arbeitslosenversicherung bekommt ein Arbeitnehmer Geld, wenn er ist arbeitslos.*

☐ *Der Arbeitnehmer erhält jeden Monat seinen Lohn.*
☐ *Der Arbeitnehmer jeden Monat seinen Lohn erhält.*

☐ *In Deutschland ist Kinderarbeit verboten.*
☐ *In Deutschland Kinderarbeit verboten ist.*

☐ *Alle Arbeitnehmer haben ein Recht auf Pausen.*
☐ *Alle Arbeitnehmer ein Recht auf Pausen haben.*

☐ *Alle Arbeitnehmer haben die Pflicht, pünktlich zu sein.*
☐ *Alle Arbeitnehmer die Pflicht haben, pünktlich zu sein.*

☐ *Der Arzt schreibt eine Krankmeldung.*
☐ *Der Arzt eine Krankmeldung schreibt.*

Die korrekte Satzstellung lässt sich mittels einer Auswahl von richtigen und falschen Sätzen üben.

– Lösung –

Übung: In welchen Sätzen stimmt die Reihenfolge der Wörter? Bitte kreuzen Sie diese an.

X *Die Arbeitslosenversicherung ist ein Schutz für Arbeitnehmer.*
☐ *Die Arbeitslosenversicherung ein Schutz für Arbeitnehmer ist.*

X *Wegen der Arbeitslosenversicherung bekommt ein Arbeitnehmer Geld, wenn er arbeitslos ist.*
☐ *Wegen der Arbeitslosenversicherung bekommt ein Arbeitnehmer Geld, wenn er ist arbeitslos.*

X *Der Arbeitnehmer erhält jeden Monat seinen Lohn.*
☐ *Der Arbeitnehmer jeden Monat seinen Lohn erhält.*

X *In Deutschland ist Kinderarbeit verboten.*
☐ *In Deutschland Kinderarbeit verboten ist.*

X *Alle Arbeitnehmer haben ein Recht auf Pausen.*
☐ *Alle Arbeitnehmer ein Recht auf Pausen haben.*

X *Alle Arbeitnehmer haben die Pflicht, pünktlich zu sein.*
☐ *Alle Arbeitnehmer die Pflicht haben, pünktlich zu sein.*

X *Der Arzt schreibt eine Krankmeldung.*
☐ *Der Arzt eine Krankmeldung schreibt.*

Lösung: Satzstellung trainieren anhand von richtigen und falschen Beispielsätzen.

4.3 Texte lesen und verstehen lernen

Wohl alle Geflüchteten haben aufgrund sprachlicher Probleme und eines anderen kulturellen Weltwissens Schwierigkeiten, einen Text zu verstehen – oft sogar die Aufgabenstellung. Darum sollten Sie dies unbedingt im Nachhilfeunterricht trainieren; ganz gleich, ob Sie Deutsch, Wirtschaft, Gemeinschaftskunde oder Fachmathematik unterrichten. Seien Sie sich bewusst, dass in den ersten Jahren des Deutschlernens Ihre Schülerinnen und Schüler nie alle Wörter eines Textes kennen werden. Darum müssen Sie ihnen zeigen, wie sie sich trotzdem einen Textinhalt erschließen können, auch wenn es ihnen womöglich verwehrt bleibt, alle Details zu verstehen.

Grundlegend für Ihren Unterrichtserfolg ist darum, dass Sie Ihren Schülerinnen und Schülern Lesestrategien vermitteln, mit denen sie sich Texte systematisch erschließen können. Einige hilfreiche Strategien finden Sie auf den folgenden Seiten.

Strategie 1: Lesetechniken trainieren

Damit Ihre Schülerinnen und Schüler einen Text und dessen Inhalt erfassen können (obwohl sie kaum alle Wörter verstehen), müssen sie zunächst gut und flüssig lesen können. Ohne diese Kompetenz wird es Ihren Schülerinnen und Schüler nicht gelingen, einen Text zu erfassen oder seine zentralen Aussagen zu begreifen. Trainieren Sie darum immer wieder das Lesen von Wörtern, Sätzen und Texten.

Silbenschrift

Markieren Sie bei Leseübungen die Silben eines Wortes unterschiedlich, zum Beispiel farbig, fett oder kursiv. Dies hilft Ihren Schülerinnen und Schülern das Lesen zu trainieren und schon bald flüssiger zu lesen. Ein Beispiel aus dem Wirtschaftsunterricht an einer Berufsschule:

*„In einer Markt**wirt**schaft **regul**iert der **Markt** die **Wirt**schaft."*

Sollten Sie keine Zeit haben, immer wieder Sätze oder Texte derart zu markieren, dann können Sie dies auch im Unterricht gemeinsam mit Ihren Schülerinnen und Schülern machen und danach den Text mit den markierten Silben erneut lesen. Ergänzend können Sie auch die Schülerinnen und Schüler bei jeder Silbe in die Hände klatschen lassen. Diese Übung aus der Grundschule eignet sich auch für den Fremdsprachenunterricht.

Lesefenster, Leselineal und Lesefinger
Bei der Strategie Lesefenster zeigen Sie immer nur das Wort, das gelesen werden soll. So lenken Sie die Aufmerksamkeit auf das zu lesende Wort und helfen Ihren Schülerinnen und Schülern die Wörter zu lesen. Hilfreich ist diese Methode – Sie werden es schon ahnen – vor allem in den ersten Wochen und Monaten des Deutschlernens sowie bei neuen und langen Fachwörtern.

Klappt diese Strategie, dann sollten Sie das Leselineal verwenden. Der Schüler oder die Schülerin legt ein Lineal unter die zu lesende Zeile. Dies hilft ihr oder ihm sehr, nicht in der Zeile zu verrutschen; ein Problem, das bei ungeübten Lesenden oft auftritt. Das gleiche Ziel verfolgt die Strategie Lesefinger. Der Schüler oder die Schülerin gleitet mit dem Zeigefinger über den zu lesenden Text.

Strategie 2: Wichtige Wörter markieren
Wer den Inhalt eines Textes begreifen will, muss wichtige von unwichtigen Aussagen unterscheiden lernen. Je geringer die Deutsch- und Fachkenntnisse sind, umso schwieriger ist dies. Darum sollten Sie bei allen Texten immer wieder diese Strategie trainieren. Die folgenden Übungen liefern Ihnen hierzu Ideen.

Übung 1: Bitte unterstreichen oder markieren Sie Wörter aus Ihrem beruflichen Alltag, die im Text vorkommen, zum Beispiel *Hobel, Säge* oder *Werkstatt.*

Übung 2: Bitte unterstreichen oder markieren Sie Wörter, die oft im Text vorkommen und keinen Bezug zu Ihrem beruflichen Alltag haben, zum Beispiel *der* oder *und.*
Bitte lassen Sie uns danach besprechen: Wie wichtig sind diese Wörter für den Text und für Ihre Aufgabe?

Übung 3: Markieren Sie Wörter, die für das Thema des Textes oder für die Aufgabenstellung wichtig sind. Man nennt sie Schlüsselwörter.

Übung 4: Wo im Text stehen die Schlüsselwörter? Wie wichtig sind diese Textstellen für den Text?

Übung 5: Was sagen uns die Schlüsselwörter über das Thema und den Text? Lassen Sie uns über diese wichtigen Wörter und den Text sprechen.

In diesen Übungen trainieren Sie mit Ihren Schülerinnen und Schülern, einzelne Wörter und Aspekte eines Textes hervorzuheben.

Besonders wichtig ist das Finden von Schlüsselwörtern für Aufgabenstellungen in Schulbüchern, Klassenarbeiten und Prüfungen. Denn bisweilen können Schülerinnen und Schüler diese nicht bearbeiten, obwohl sie über das erforderliche Wissen verfügen, weil sie die Sätze nicht verstehen. Sehr häufig ist dies bei jenen Aufgaben, die eine berufliche Situation schildern, an die sich eine Aufgabenstellung anschließt. Hier müssen Schülerinnen und Schüler lernen, die unwichtigen Aussagen der Situationsschilderung zu ignorieren und sich auf die zentralen Passagen sowie auf die sehr wichtige Aufgabenstellung am Ende des Textes zu konzentrieren.

Mit den fünf gezeigten Übungen lässt sich dies trainieren. Denn mittels der Übungen lernen die Schülerinnen und Schüler zwischen wichtigen und unwichtigen Wörtern zu unterscheiden. Diese Kompetenz ist Basis für die weitere Textarbeit. Sie findet ihre Fortsetzung in der vierten Strategie, der „Stichwortmethode" (s. Seite 84).

Strategie 3: Fragen beantworten

Wer einen Textinhalt begreifen will, muss die zentralen Aussagen eines Textes finden und wiedergeben können. Dies trainieren Sie beispielsweise, indem Sie Ihren Schülerinnen und Schülern vermitteln, einzelne Absätze auf ein bis zwei Stichwörter zu reduzieren. Die Frage hierbei lautet: *„Was beschreibt der Text?"*

Multiple-Choice-Fragen stellen

Bei der ersten Übung zum Textverstehen mittels Fragen geben Sie verschiedene Antworten vor, aus denen Ihre Schülerinnen und Schüler auswählen und die korrekten Antworten ankreuzen sollen (Multiple-Choice-Methode).

Wenn Sie beispielsweise im Fach Wirtschaft einen Text über die *„Rechtsformen von Unternehmen"* durcharbeiten, in dem die Merkmale sowie die Vor- und Nachteile von Einzelunternehmen, Personengesellschaften und Kapitalgesellschaften vorgestellt werden, dann können Sie eine Übung wie die folgende gestalten.

Übung: Was beschreibt der Text? Mehrere Antworten sind richtig.

☐ *Der Text beschreibt verschiedene Rechtsformen von Unternehmen.*
☐ *Der Text beschreibt, wie Unternehmen einen Kredit beantragen.*
☐ *Der Text beschreibt, wie man sich selbstständig macht.*
☐ *Der Text nennt die Vorteile und Nachteile eines Einzelunternehmens.*
☐ *Der Text stellt verschiedene Personengesellschaften vor.*

Übung zum Textverstehen eines schwierigen Themas.

In obigem Beispiel bezieht sich die Übung auf den gesamten Text. Es empfiehl sich aber auch, Fragen zu jedem Absatz zu stellen und die jeweils korrekten Antworten ankreuzen zu lassen.

Fragen und Antworten zum Text

Als Lehrkraft erkennen Sie am besten, ob Ihre Schülerinnen und Schüler den Text verstanden haben, wenn diese in der Lage sind, Fragen zum Text korrekt zu beantworten. Stellen Sie darum verschiedene Fragen – bitte in der Reihenfolge, in der die Aspekte im Text erwähnt werden.

Dieses Ordnungsprinzip wird auch in den DaF-Prüfungen und den entsprechenden Vorbereitungen verwendet, und wer von Ihren Schülerinnen und Schülern schon Kurse für A1, A2 oder B1 besucht hat, kennt es also bereits. Zum anderen erleichtert es die Orientierung im Text und erlaubt den (logischen, inhaltlichen oder dramaturgischen) Aufbau des Textes nachzuvollziehen. Auch in Aufgaben in der Berufsschule wird diesem Prinzip oft gefolgt.

Am besten fangen Sie mit kurzen, eindeutig formulierten Fragen an, die sich einfach beantworten lassen. Fragen Sie zum Beispiel nach dem Thema der Überschrift, nach beschriebenen Objekten, nach Jah-

reszahlen und Maßeinheiten, nach Orten und ähnlichen Informationen. Je besser Schülerinnen und Schüler Deutsch sprechen oder das
jeweilige Thema beherrschen, umso anspruchsvoller können Ihre
Fragen zum Text nach und nach werden, bis diese das Niveau von
Prüfungsaufgaben erreichen.

Auf den folgenden Seiten finden Sie eine exemplarische Übung
samt Lösung.

Übung: Bitte lesen Sie den Text und beantworten Sie die Fragen.

Duale Ausbildung in Deutschland

*Handwerker und Handwerkerinnen machen in Deutschland eine Ausbil-
dung. Sie heißen Auszubildende oder Azubis. Früher hießen sie Lehrlinge.
Die Ausbildung heißt Lehre oder duale Ausbildung. Die Ausbildung dauert
oft drei Jahre. In dieser Zeit verdienen die jungen Menschen Geld. Die
Auszubildenden gehen in die Schule (in die Berufsschule) und arbeiten im
Betrieb. Am Ende der Ausbildung müssen sie mehrere Prüfungen machen.
Sie machen eine praktische Prüfung und eine theoretische Prüfung.*

1   *Wer macht in Deutschland eine Ausbildung?*
2   *Wie heißen Menschen, die eine Ausbildung machen?*
3   *Wie heißt die im Text beschriebene Ausbildung?*
4   *Wann gibt es eine Prüfung?*
5   *Was wird geprüft?*
6   *Was ist Thema des Textes?*

Fragen zum Text helfen, diesen zu verstehen und ihn anschließend zusammenzufassen.

Übung: Bitte lesen Sie den folgenden Text und beantworten Sie die Fragen.

Duale Ausbildung in Deutschland

Handwerker und Handwerkerinnen machen in Deutschland eine Ausbildung. Sie heißen Auszubildende oder Azubis. Früher hießen sie Lehrlinge. Die Ausbildung heißt Lehre oder duale Ausbildung. Die Ausbildung dauert oft drei Jahre. In dieser Zeit verdienen die jungen Menschen Geld. Die Auszubildenden gehen in die Schule (in die Berufsschule) und arbeiten im Betrieb. Am Ende der Ausbildung müssen sie mehrere Prüfungen machen. Sie machen eine praktische Prüfung und eine theoretische Prüfung.

1   Wer macht in Deutschland eine Ausbildung?
Handwerkerinnen und Handwerker

2   Wie heißen Menschen, die eine Ausbildung machen?
Auszubildende, Azubis oder Lehrlinge

3   Wie heißt die im Text beschrieben Ausbildung?
Duale Ausbildung

4   Wann gibt es eine Prüfung?
Am Ende der Ausbildung machen die Auszubildenden eine Prüfung.

5   Was wird geprüft?
Theorie und Praxis werden geprüft.

6   Was ist Thema des Textes?
Die duale Ausbildung in Deutschland.

Lösung: Fragen zum Text beantworten.

Strategie 4: Stichwortmethode

Wenn die geschilderten Übungen klappen, können Sie den Schwierigkeitsgrad erhöhen. Nun soll Ihr Schüler oder Ihre Schülerin selbst wichtige Stichworte (sogenannte Schlüsselwörter) im Text finden. Ich empfehle, diese Übung zunächst an einzelnen Absätzen und nicht gleich an einem ganzen Text durchzuführen. Sehr zu empfehlen ist es, diese Übung an Aufgabenstellungen von Handouts oder von Klassenarbeiten zu trainieren. Dies sind zum einen kurze Texte, was angesichts des Zeitmangels im ehrenamtlichen Nachhilfeunterricht ein Vorteil ist. Zum anderen sind es Texte, die Schülerinnen und Schüler unbedingt verstehen müssen, damit sie eine Frage beantworten können.

Übung 1: Was beschreibt der Text?
– Unterstreichen Sie wichtige Schlüsselwörter im Text.
– Nennen Sie für jeden Absatz 1 – 2 wichtige Schlüsselwörter.
– Lassen Sie uns aus diesen Schlüsselwörtern Sätze formulieren.

Übung 2: Fassen Sie nun mit eigenen Worten den Text zusammen.

Diese Übung führt Schritt für Schritt zu mehr Textverstehen.

Eine weitere gute Übung ist, wenn Sie Ihre Schülerin oder Ihren Schüler die elementaren W-Fragen beantworten lassen: *Wer? Was? Wann? Wo? Wie? Warum?* Aber bitte wählen Sie vorab jene W-Fragen aus, die in dem jeweiligen Text beantwortet werden, da es Schülerinnen und Schüler sehr verwirrt, wenn Sie eine W-Frage beantworten wollen, aber der entsprechende Aspekt im Text nicht vorhanden ist. Diese zentralen W-Fragen sollten auch nach einer starken Raffung des Textes noch zu beantworten sein.

Übung 1: Bitte lesen Sie den Text und beantworten Sie die folgenden Fragen: *Wer? Was? Wann? Wo? Wie? Warum?*

Übung 2: Fassen Sie nun mit eigenen Worten den Text zusammen.

Das Zusammenfassen von Texten ist für sprachlich nicht so versierte Schülerinnen und Schüler schwierig und muss geübt werden.

Das Zusammenfassen von Texten können Sie auch üben, indem Ihre Schülerinnen und Schüler jeden Textabschnitt durch einen einzigen Satz ersetzen müssen. Diese Übung fällt vielen sehr schwer und ist nur für Personen mit fortgeschrittenen Deutschkenntnissen zu empfehlen.

Alternativ können Sie darum selbst die Absätze zusammenfassen. Dies sollten Sie aber stets gut nachvollziehbar für Ihre Schülerinnen und Schüler tun, damit diese eines Tages selbst Zusammenfassungen formulieren können. Bitte nutzen Sie für Ihre Lösung die Schlüsselwörter und Antworten Ihrer Schülerinnen und Schüler.

Gute Erfahrungen habe ich damit gemacht, wenn ich komplexe Themen in einfacher Sprache langsam vorgestellt habe und dabei auf relevante Aspekte hingewiesen habe. Danach fiel es dem Nachhilfeschüler viel leichter, die wichtigsten Informationen mit eigenen Worten zu benennen.

4.4 Schreiben üben

Üben, üben, üben – das gilt auch für das Schreiben. Es gibt keine besser Art, eine Sprache zu lernen, sich Wörter einzuprägen, den Satzbau zu trainieren und Fachwissen aufzunehmen, als immer wieder Texte abzuschreiben. Ich habe beobachtet, dass Schüler, die als Hausaufgabe oder aus eigener Motivation Texte aus Schulbüchern oder aus dem Unterricht abgeschrieben haben, schnell besser geworden sind und Fachthemen schnell lernen konnten. Hingegen haben sich die Schreibfaulen mit dem Lernen schwerer getan.

Darum baue ich auch in den Nachhilfeunterricht Schreibübungen ein und lasse gemeinsam erarbeitete Sätze von der Tafel oder Übungssätze und Textpassagen von Handouts abschreiben. Bitte planen Sie hierfür ausreichend Zeit ein, da dies meistens länger dauert als gedacht. Einige Beispiele finden Sie in Kapitel 4.2 in der Passage „Grammatikübungen rund um den Beruf".

Das Verbessern von Klassenarbeiten und das Abschreiben der Aufgaben inklusive der korrekten Lösungen ist eine weitere sehr sinnvolle Übung.

Rechtschreibung trainieren

Bei fast allen Themen arbeite ich mit unvollständigen Wörtern, die die Schüler vervollständigen müssen. Dies ist zumeist die erste Übung, nachdem ich ein Thema eingeführt habe, gleichgültig ob es aus dem Fach Deutsch, Wirtschaft, Gemeinschaftskunde oder Elektrotechnik, Logistik oder Fachrechnen stammt.

Übung: Bitte ergänzen Sie die fehlenden Buchstaben.

die B _ hrmaschinen	z _ m Beispiel
mit Str _ m arbeiten	ein L _ degerät
ein Ka _ el haben	der US _ -Anschluss
der Ak _ u	die Lades _ hale
aus der St _ ckdose	es dau _ rt
die Bat _ erie	der H _ ndwerker
viele Batteri _ n	einen Akku l _ den oder aufladen
die Ger _ te	L _ cher bohren
der D _ bel	die Mauerfr _ se

Fehlende Buchstaben ergänzen, um die Schreibweise von Wörtern zu trainieren.

– Lösung –
Übung: Bitte ergänzen Sie die fehlenden Buchstaben.

die Bohrmaschinen	zum Beispiel
mit Strom arbeiten	ein Ladegerät
ein Kabel haben	der USB-Anschluss
der Akku	die Ladeschale
aus der Steckdose	es dauert
die Batterie	der Handwerker
viele Batterien	einen Akku laden oder aufladen
die Geräte	Löcher bohren
der Dübel	die Mauerfräse

Lösung: Fehlende Buchstaben ergänzen.

Diese Übung lässt sich auch mit kompletten Texten machen. Das ist zum einen ein gutes Rechtschreib- und Wortschatztraining, zum anderen können Sie einen in der vergangenen Nachhilfestunde besprochenen Text sehr gut wiederholen und zu einer tieferen Beschäftigung mit ihm überleiten, zum Beispiel um das Herausarbeiten von wichtigen Aussagen zu üben (s. Kapitel 4.3).

Übung: Bitte ergänzen Sie die fehlenden Buchstaben.

Die Ausbildung zum Bäcker

Wer B___cker werden will, macht eine du___le Ausbildung. Du gehst zur B___rufsschule und lernst auch im B___trieb. Im Betri___b lernst du Te___g ansetzen, Br___te backen, T___rten machen, aber auch den Umgang mit K___nden und wie du für Sauberkeit in der B___ckstube sorgst.
Aber auch vieles andere musst du lernen: M___thematik, Ware___kunde, Lebens___ittelhygiene, A___beitsschutz stehen in der Berufs___chule auf dem Stundenplan. Am Ende deiner A___sbildung machst du eine praktische Pr___fung im Betrieb und eine theoretische Prüf___ng in der Schule.

Mit Lückentexten lässt sich die Schreibweise von Wörtern trainieren.

– **Lösung** –

Übung: Bitte ergänzen Sie die fehlenden Buchstaben.

Die Ausbildung zum Bäcker

Wer Bäcker werden will, macht eine duale Ausbildung. Du gehst zur Berufsschule und lernst auch im Betrieb. Im Betrieb lernst du Teig ansetzen, Brote backen, Torten machen, aber auch den Umgang mit Kunden und wie du für Sauberkeit in der Backstube sorgst.
Aber auch vieles andere musst du lernen: Mathematik, Warenkunde, Lebensmittelhygiene, Arbeitsschutz stehen in der Berufsschule auf dem Stundenplan. Am Ende deiner Ausbildung machst du eine praktische Prüfung im Betrieb und eine theoretische Prüfung in der Schule.

Lösung des Lückentextes.

5. Strategisches Lernen

In den Kapiteln zuvor haben Sie etliche Ideen und Anregungen für Ihren Nachhilfeunterricht erhalten. Nun, zum Ende meines Buchs, will ich Ihnen noch einige strategische Überlegungen mit auf den Weg geben, die Ihnen für Ihr ehrenamtliches Engagement bestimmt dienlich sind.

5.1 Konzentrieren Sie sich auf die wichtigen Fächer

Der Ehrenamtsunterricht findet freiwillig und zusätzlich zur Arbeit statt; bei Azubis zudem zusätzlich zur Berufsschule. Zumeist wird er an ein bis zwei Abenden in der Woche durchgeführt. Meine Erfahrung ist: Dies ist nie ausreichend Zeit, um alle Wissenslücken zu schließen, den Wortschatz zu vermitteln, kulturelle Missverständnisse zu klären, das Wiederholen zu kontrollieren oder den gesamten Lernstoff in Deutsch, Gemeinschaftskunde, Fachrechnen sowie in den berufsspezifischen Fächern und auch noch in Ethik zu vermitteln.

Darum ist es leider erforderlich, gut auszuloten, in welchen Fächern die Unterstützung am wichtigsten und erfolgsversprechenden ist – und sich nur auf diese zu konzentrieren. Dies beugt der Überforderung der Lehrenden (ich weiß, wovon ich spreche) und der Lernenden vor. Ich empfehle, dass Sie sich auf die Fächer konzentrieren, die im Zeugnis versetzungsrelevant und für das Bestehen der Prüfung notwendig sind. Die Note 5 in Ethik ist zwar nicht schön, doch sie gefährdet nicht den Erfolg der Ausbildung, wohingegen dieselbe schlechte Note im Fach Berufliche Kompetenz oder Wirtschaft einen Schulabschluss verhindert. Im besten Fall kann dann bei der Wiederholung die Prüfung bestanden werden.

Prüfungsrelevante Themen lernen

Erkundigen Sie sich darum in der Berufsschule, welche Fächer versetzungsrelevant sind und wie schlechte Noten in einem Fach ausgeglichen werden können. Manche Berufsschulen sind Ehrenamtlichen gegenüber sehr kooperativ. Wenn dies nicht der Fall ist, dann können Sie die Lehrkräfte in diesen Bildungseinrichtungen daran erinnern, dass der ehrenamtliche Nachhilfeunterricht ihnen Arbeit erspart und die Berufsschülerinnen und -schüler sehr stark unterstützt.

Zudem sollten Sie bei der zuständigen Handwerkskammer (bei Auszubildenden in einem Handwerksberuf) beziehungsweise bei der Industrie- und Handelskammer (bei Auszubildenden in einem Dienstleistungsberuf) Informationen über die Zwischen- und Abschlussprüfung einholen. Wichtig für Ihren Nachhilfeunterricht ist es zu erfahren, in welchen Fächern die Auszubildenden geprüft werden (das sind nie alle Schulfächer) und welche Inhalte abgefragt werden. Diese entsprechen übrigens nicht immer dem Schulstoff.

Methoden erfragen

Auch die Methode der Prüfung sollten Sie erfragen. Wird die Multiple-Choice-Methode angewendet, müssen Fragen beantwortet werden, sind Antworten in Stichworten erlaubt oder müssen sie in ganzen Sätzen gegeben werden, müssen Fallbeispiele umfassend bearbeitet oder Lösungen für praktische Probleme entwickelt werden? Wenn Sie diese Informationen zusammengetragen haben, sollten Sie Ihren Nachhilfeunterricht entsprechend gestalten.

Sehr hilfreich ist es auch, sich Prüfungsfragen aus vergangenen Jahren zu organisieren. Oft verfügen die Kammern, Ausbildungsbetriebe oder Berufsschulen über solche Unterlagen, doch es gibt auch Fachverlage, die Prüfungsmaterialen verkaufen.

Mir ist bewusst, dass Lehrerinnen und Lehrer an Berufsschulen einige meiner Aussagen zum strategischen Lernen zutiefst verurteilen werden, da sie eine Aufforderung sind, manche Fächer oder Inhalte nicht oder kaum zu lehren und zu lernen. Dies ist in der Tat der Fall. Doch als Ehrenamtliche bin ich nicht dem staatlichen Bildungsauftrag verpflichtet. Vielmehr gilt mein Interesse einzig und allein den Geflüchteten und ihren Bedürfnissen.

Zudem ist diese Aufforderung aus der Not heraus geboren, Menschen einen Ausbildungsabschluss und damit eine bessere Zukunft zu ermöglichen, die zu beidem nur geringe Chancen haben und vielfach vom Staat sowie von den Berufsschulen hierbei nicht oder nur sehr gering unterstützt werden.

5.2 Mut zur Lücke

Auch in den einzelnen Fächern ist es aus Zeitmangel leider kaum möglich, alle Inhalte aus dem Schulunterricht umfassend zu erarbeiten. Darum verfahre ich oft so, dass ich die Aspekte und Teilthemen mit den Geflüchteten erarbeite, die ich für strategisch sinnvoll halte; zum Beispiel weil sie relativ leicht zu lernen sind, wenig Sprachkompetenz erfordern oder vermutlich viele Punkte in der Klassenarbeit bringen werden.

Strategische Auswahl treffen

Ich treffe also eine strategische Auswahl und bearbeite nur einzelne Themenbereiche anstatt alle Inhalte. So lehre ich beispielsweise von fünf Unterpunkten zum Thema *„Europäische Union"* im Fach Gemeinschaftskunde nur die historischen Aspekte, die Ziele und die Probleme der EU sowie das besondere Thema *„Brexit"*. Den sehr komplizierten Gesetzgebungsprozess lasse ich aber aus Zeitmangel und aufgrund des Schwierigkeitsgrades unbearbeitet.

Ferner lehre ich zuerst jene Themenaspekte, zu denen ein Schüler einen persönlichen Bezug hat, beispielsweise aufgrund von Erfahrungen in seinem Ausbildungsbetrieb. Das erleichtert das Lernen und das Behalten von neuen Inhalten. Wenn etwa im Fach Logistik nach Fördermitteln gefragt wird, dann soll der Schüler zunächst jene lernen, mit denen er in seinem Betrieb arbeitet, zum Beispiel *„Sackkarre"*, *„Gabelstapler"* und *„Elektrohubwagen"*. Die anderen Fördermittel lasse ich erst einmal unbeachtet, da der Schüler schon bei Nennung von drei Fördermitteln einige Punkte in der Klassenarbeit oder in der Prüfung erhält.

Sich auf wenige Aspekte konzentrieren

Eine weitere Empfehlung: Trainieren Sie mit den Schülerinnen und Schülern, sich zunächst auf wenige Aspekte zu konzentrieren und lernen Sie diese mit ihnen intensiv. Wenn beispielsweise die Vor- und Nachteile der Rechtsform GmbH gelernt werden müssen, dann lasse ich meine Schüler zunächst zwei Vorteile und zwei Nachteile lernen. Das gibt Punkte in der Klassenarbeit und kommt meinem kleinen Zeitfenster entgegen. Wenn es die Zeit erlaubt, dann erweitere ich die gelehrten Inhalte sehr gerne.

Gute Erfahrungen habe ich auch damit gemacht, Themen herauszusuchen, bei denen relativ wenige Deutsch- und Grammatikkenntnisse erforderlich sind. Wenn ein Mechatroniker-Azubi die Gebots-, Verbots- und Warnschilder lernen soll, dann muss er hierzu keine Sätze schreiben. Vielmehr ist es völlig ausreichend, wenn er zum jeweiligen Schild dessen Bedeutung schreiben kann, zum Beispiel *„Rauchen verboten"*, *„Zutritt verboten"* oder *„Augenschutz benutzen"*. Darum übe ich solch ein Thema sehr intensiv mit ihm.

Aufgaben mit wenig Text trainieren

Intensiv – da erfolgsversprechend – trainiere ich auch die Beschriftung von Bildern, etwa von Maschinen oder Arbeitsgeräten, da die Schülerinnen und Schüler hierfür nur wenige Stichworte benötigen. Bei der Zeichnung eines Gabelstaplers müssen etwa nur dessen Bestandteile ergänzt werden, zum Beispiel *„Räder"*, *„Hubmast"* oder *„Gabelzinken"*.

Sehr wichtig: Auch wenn Ihre Schülerinnen und Schüler viele Themen und Aufgaben mit in den Nachhilfeunterricht bringen, wählen Sie stets aus und konzentrieren Sie sich nur auf die von Ihnen getroffene Auswahl. Besser ist es, Sie vermitteln ein Thema gut und verständlich, sodass Ihre Schülerinnen und Schüler entsprechende Fragen in Klassenarbeiten und Prüfungen beantworten können, als dass Sie viele Themen zu schnell durcharbeiten – und nichts hängenbleibt. Dann klappt es garantiert nicht mit einer guten Note.

Weniger ist mehr – auch in Ihrer Nachhilfe

Grund dieses Muts zur Lücke ist die Hoffnung, dass meine Schüler so einige Fragen in den Klassenarbeiten beantworten können und ihre Note besser als mangelhaft ist. Wenn ich ein ganzes Thema in kurzer Zeit in der Nachhilfe „durchpeitsche", dann verursacht dies bei den Lernenden oft ein großes Durcheinander im Kopf – und in der Klassenarbeit vermischen sie die gelernten Inhalte und beantworten zu viele Fragen falsch.

Weniger ist mehr, lautet bei mir die Strategie bei der Zusammenstellung des Lernstoffs. Mit fortschreitenden Fach- und Sprachkenntnissen können diese Lücken immer kleiner werden – und werden es in der Tat auch.

5.3 Kulturell geprägtes Wissen

Eine große Herausforderung für den berufs- und ausbildungsbegleitenden Unterricht ist das sehr unterschiedliche Weltwissen und die kulturell anders geprägte Lernerfahrung der Schülerinnen und Schüler. Dieses Problem zeigt sich sehr deutlich, wenn anhand einer Karikatur Wissen getestet wird. Hierbei scheitern die meisten Geflüchteten – und zwar selbst dann, wenn sie das Thema gelernt und verstanden haben. Der Grund: Sie können die Bildsprache der Karikatur aufgrund ihres anders geprägten Welt- und Kulturwissens nicht abrufen.

Karikaturen sind ein Problem

Ein Beispiel: Wenn eine Karikatur einen jungen Mann in blauer Latzhose neben einem alten, dicken Mann mit Zigarre und im Anzug zeigt, dann wissen die meisten Deutschen sofort, dass der Mann in der blauen Latzhose ein einfacherer Arbeiter ist und der dicke Mann im Anzug sein Chef und der Inhaber des Unternehmens. Geflüchtete aus Afrika oder Asien können diese Bildsymbolik aber oft nicht entschlüsseln. Denn in ihren Heimatländern ist die charakteristische Kleidung für die jeweilige soziale Rolle eine völlig andere.

Ferner unterscheiden sich die Beschäftigungsverhältnisse in anderen Kontinenten sehr stark von unseren. Die meisten Geflüchteten haben noch nie in einem großen Unternehmen gearbeitet, sondern waren zumeist Handwerker, Bauern oder Selbstständige mit einem Marktstand.

Wissen über Land und Leute vermitteln

Darum sollten Sie nie nur Sprache und Fachthemen unterrichten, sondern stets auch Wissen über die deutsche Kultur und Wirtschaft vermitteln. Dies benötigt aber sehr viel Zeit, vermutlich etliche Jahre. In ein bis zwei Stunden Nachhilfe pro Woche ist dies nicht zu leisten.

Ferner ist dies nur möglich, wenn die Schülerinnen und Schüler regelmäßig Kontakt mit Deutschen pflegen und viel Zeit in der deutschen Gesellschaft verbringen.

Empfehlen Sie Fernsehsendungen, Internetbeiträge, das Programm der Deutschen Welle oder Informationsmedien für Kinder, anhand derer Ihre Schülerinnen und Schüler die Sprache trainieren, aber auch deutsches Kulturwissen erwerben können.

Zugleich empfehle ich, die Schülerinnen und Schüler so zu unterrichten, dass sie die jeweilige Klassenarbeit oder Prüfung bestehen können, auch wenn sie die Aufgabe mit der Karikatur nicht oder nur in sehr kleinen Teilen beantworten. Denn leider sehe ich bei dieser Prüfungsmethode kaum Erfolgschancen für meine Schüler. Darum trainiere ich diese zwar, konzentriere mich – aus strategischen Gründen – aber auf Aufgaben, bei denen die Lernenden die Möglichkeit haben, sie zu lösen und Punkte zu erzielen.

Für die Klassenarbeiten und Prüfungen gilt leider, dass eine Karikatur – und damit eine unlösbare Aufgabe – fast immer dabei ist, beispielsweise in Gemeinschaftskunde und Wirtschaft. Aber die gute Nachricht ist, dass die anderen Aufgaben oft Situationsschilderungen, Fragen zu den gelernten Themen, Multiple-Choice-Tests oder Berechnungen sind. Bei diesen besteht durchaus die Chance, dass Ihre Schülerinnen und Schüler ihr Wissen unter Beweis stellen können.

5.4 Zeigen Sie Verständnis und Respekt

Bitte vergessen Sie bei aller Relevanz Ihres Unterrichts nicht, dass Sie geflüchtete Menschen unterstützen. Damit meine ich, dass deren besondere Lebenssituation immer wieder mal im Unterricht zur Sprache kommen kann und Sie sich Strategien für einen respektvollen und helfenden Umgang überlegen müssen, der aber nicht Ihren Unterricht stört oder gefährdet (s. Kapitel 2.6).

Jedoch muss ich Ihnen gestehen, dass ich das nicht immer geschafft habe. Einige Male habe ich meinen Unterricht beendet, weil ein Nachhilfeschüler am kommenden Tag wegen seines Asylverfahrens vor Gericht ziehen musste oder wenige Stunden vor meinem Unterricht den Ablehnungsbescheid des BAMF (Bundesamt für Migration und Flüchtlinge) aus seinem Briefkasten gezogen hat. Menschen in solchen Ausnahmesituationen können erst wieder motiviert und konzentriert am Unterricht teilnehmen, wenn sie sich innerlich beruhigt haben. Da ich keine Lehrerin an einer staatlichen Schule mit all deren Verpflichtungen bin, nehme ich mir in solchen Ausnahmesituationen die Freiheit und beende die Nachhilfe. Entweder habe ich den Schüler nach Hause gehen lassen oder ich habe mich mit ihm über sein Problem unterhalten – je nachdem, was er sich wünschte.

Aktuelle Ereignisse in den Unterricht einbauen

Vereinzelt können auch aktuelle Ereignisse es wert sein, den Unterricht kurzfristig zu ändern, um sie gemeinsam zu besprechen. Die Corona-Pandemie im Jahr 2020 habe ich zum Anlass genommen, um Viren und deren Wirkungsweise zu erklären sowie Hygieneregeln für das Privatleben, doch vor allem für die tägliche Arbeit zu vermitteln.

Ein weiteres Beispiel ist die brutale Tötung des Afroamerikaners George Floyd durch den weißen Polizisten Derek Chauvin im Mai 2020, der fast neun Minuten auf dem Hals des am Boden Liegenden kniete und ihn so erstickte. Diese rassistische Gewalt erschütterte Menschen weltweit und führte zu Demonstrationen in den USA sowie in Europa, Australien und Asien.

Auch viele Afrikaner in Deutschland erschütterte diese Tat sehr. Sie erkannten, wie gefährlich der Rassismus werden kann, dem sie hier ausgesetzt sind, unter anderem bei der Arbeit und im Betrieb. Darüber zu reden, war ihnen ein großes Anliegen. Bei den Schülern aus dem westafrikanischen Gambia kam noch das Trauma hinzu, dass ihre Heimat aufgrund der geopolitischen Situation (Lage direkt am Meer und der Fluss Gambia durchzieht das Land) viele Jahrhunderte sehr stark unter dem Sklavenhandel gelitten hat.

So habe ich zu Beginn einiger Unterrichtsstunden über die Vorfälle in den USA gesprochen. Wir haben uns im Internet kursierende Filme angesehen, zum Beispiel über Demonstrationen oder von rassistischen Übergriffen der vergangenen Jahre, und haben darüber diskutiert. Historisch betrachtet haben wir das Thema der Sklaverei, über das Afrikaner sehr viel besser informiert sind als die meisten Europäer. Übrigens wird im Fach Gemeinschaftskunde Rassismus bei den Themen *„UN"*, *„Menschenrechte"* und *„Migration"* besprochen. Insofern hatte die Nachhilfe einen direkten Bezug zum Berufsschulunterricht.

Indem wir über Rassismus in deutschen Betrieben sprachen und die Schüler über ihre negativen Erfahrungen mit Vorgesetzten, Kollegen und Kunden berichteten, übten sie ihre Ausdrucksfähigkeit und lernten neue Wörter wie *„Benachteiligung"*, *„jemanden beleidigen"* oder *„Diskriminierung"*.

Kein Unterricht an muslimischen Feiertagen

Auch schönen Erlebnissen, die eine große Bedeutung im Leben meiner Nachhilfeschüler haben, ordne ich hin und wieder den Nachhilfeunterricht unter. Während des Ramadans lockere ich die festen Unterrichtszeiten und biete Nachhilfe auf Zuruf an verschiedenen Tagen und zu anderen Uhrzeiten an. Während dieser Wochen unterrichte ich nicht strikt jeden Donnerstag und Freitag am Abend, sondern mal am Sonntag um 16 Uhr oder mal am Samstag um 12 Uhr oder wir treffen uns nur für eine halbe Stunde, um die Hausaufgaben zu besprechen oder dringende Fragen zum Berufsschulunterricht zu klären.

In der letzten Woche des Ramadans, wenn das Arbeiten und das Fasten sehr anstrengend sind, lassen wir auch manchmal den Unterricht ausfallen. Gleiches gilt für wichtige muslimische Feiertage, zum Beispiel das Tabaski-Fest (Opferfest) oder das Zuckerfest am Ende des Ramadans. Wir Christen gehen ja auch nicht an Heilig Abend oder am Ostersonntag in die Schule.

Den Unterricht in solchen besonderen Situationen auszusetzen, führte aber nie dazu, dass er insgesamt endete. Meine Schüler empfanden dies vielmehr als Respekt ihnen und ihrer Kultur gegenüber. Insofern baute es Vertrauen zwischen uns auf. Auch dies ist eine wichtige Basis für einen gelingenden ehrenamtlichen Unterricht von Geflüchteten.